Viel Spaß mit Rätseln und Kritzeln!

Egal ob es regnet und du nicht rausgehen kannst,
ob du dich mal ablenken oder eine Pause ausnutzen willst,
ob du unterwegs bist oder krank im Bett liegst – mit diesem
Block wirst du nie mehr Langeweile haben.
Auf mehr als 200 Seiten findest du Rätsel, Schreib- und Rechenaufgaben,
du kannst Scherzfragen lösen und Witze lesen, und du hast viel Platz
zum Kritzeln und Malen.
Am besten legst du dir Buntstifte bereit. Ansonsten brauchst du nur
deinen Kopf. Wenn du mal nicht weiterweißt, dann frag deine Freunde
oder deine Familie.
Du kannst auf jeder Seite anfangen, die dir gefällt, oder dich
von vorn nach hinten durcharbeiten.
Die Lösungen stehen meist auf der Rückseite oder kopfüber
auf derselben Seite unten.
Das nächste Blatt mit dem Zahlenalphabet und
dem Hunderterfeld kannst du raustrennen.
Es wird dir bei manchen Aufgaben
helfen.

Jetzt leg los und zeig,
dass du ein richtiger Rätselkönig oder
eine geniale Rätselkönigin bist!

Das Zahlenalphabet

A	B	C	D	E	F	G	H	I	J
1	2	3	4	5	6	7	8	9	10
K	L	M	N	O	P	Q	R	S	T
11	12	13	14	15	16	17	18	19	20
U	V	W	X	Y	Z	Ä	Ö	Ü	ß
21	22	23	24	25	26	27	28	29	30

Das Hunderterfeld

1	2	3	4	5	6	7	8	9	10
11	12	13	14	15	16	17	18	19	20
21	22	23	24	25	26	27	28	29	30
31	32	33	34	35	36	37	38	39	40
41	42	43	44	45	46	47	48	49	50
51	52	53	54	55	56	57	58	59	60
61	62	63	64	65	66	67	68	69	70
71	72	73	74	75	76	77	78	79	80
81	82	83	84	85	86	87	88	89	90
91	92	93	94	95	96	97	98	99	100

Auf dem Markt

Finde die 8 Unterschiede und kreise sie ein.

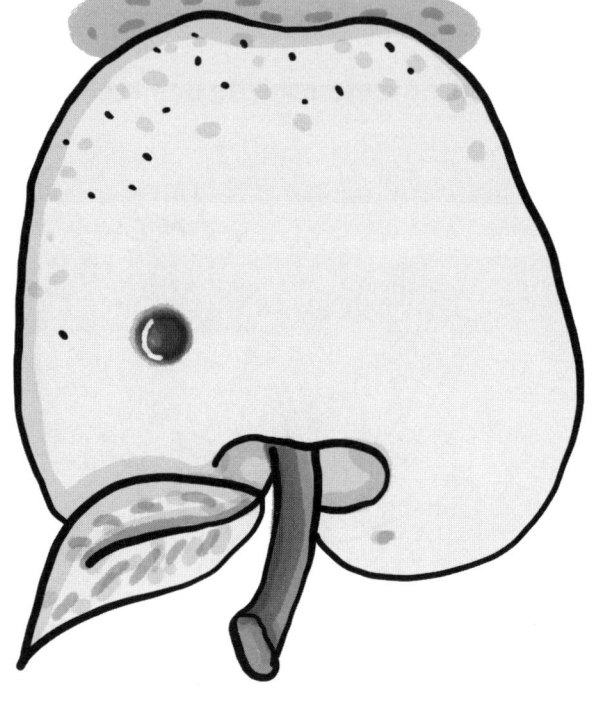

Male einen lustigen Wurm, der aus dem Apfel krabbelt.

Lösung:

Süß und lecker

Finde im Buchstabengitter waagerecht und senkrecht 16 Obstsorten.

Q	W	E	B	R	T	Z	U	I	O	P	A	P	F	E	L
Ü	W	E	I	N	T	R	A	U	B	E	P	H	J	K	L
A	Y	V	R	M	N	B	V	V	A	C	R	X	Y	K	A
S	S	F	N	Ü	P	O	I	U	N	Z	I	T	R	I	E
D	D	R	E	W	Q	A	S	D	A	F	K	H	J	W	K
F	F	T	J	B	G	F	T	R	N	D	O	S	W	I	M
G	P	Z	M	O	R	A	N	G	E	P	S	Ö	N	K	E
G	F	U	Ä	G	U	R	K	E	N	T	E	D	V	B	M
K	I	R	S	C	H	E	X	A	N	A	N	A	S	Y	A
B	R	I	S	C	H	R	E	R	T	Z	U	P	O	O	N
Ü	S	M	U	H	Z	D	U	A	B	H	N	F	U	I	D
K	I	U	M	Ü	U	B	P	T	F	U	E	L	Z	V	A
M	C	N	A	P	R	E	S	Z	E	N	I	A	K	W	R
N	H	I	N	F	B	E	A	E	I	D	N	U	L	X	I
B	F	F	G	E	E	R	L	R	G	E	G	M	Ö	Q	N
G	B	C	O	R	H	E	I	D	E	L	B	E	E	R	E

Lösung:

Q	W	E	**B**	R	T	Z	U	I	O	P		**A**	**P**	**F**	**E**	**L**
Ü	**W**	**E**	**I**	**N**	**T**	**R**	**A**	**U**	**B**	**E**	**P**	H	J	K	L
A	Y	V	**R**	M	N	B	V	V	**A**	**R**	X	Y	**K**	A
S	S	F	**N**	Ü	P	O	I	U	**N**	**Z**	I	T	R	**I**	E
D	D	R	**E**	W	Q	A	S	D	**A**	**F**	K	H	J	**W**	K
F	F	T	J	B	G	F	T	R	**N**	**D**	O	S	W	**I**	M
G	**P**	Z	**M**	**O**	**R**	**A**	**N**	**G**	**E**	P	**S**	O	N	K	E
G	**F**	U	Á	G	U	R	K	E	N	T	**E**	D	V	B	**M**
K	**I**	**R**	**S**	**C**	**H**	**E**	X	**A**	**N**	**A**	**N**	**A**	**S**	Y	**A**
B	**R**	I	S	C	H	**R**	E	R	T	Z	U	**P**	O	O	**N**
Ü	**S**	M	U	H	Z	**D**	U	A	B	H	N	**F**	U	I	**D**
K	**I**	U	**M**	Ö	Ü	**B**	P	T	F	U	E	**L**	Z	V	**A**
M	**C**	N	**A**	P	R	**E**	S	Z	**E**	N	I	**A**	K	W	**R**
N	**H**	I	**N**	F	B	**E**	A	**E**	I	D	N	**U**	L	X	**I**
B	F	F	**G**	E	E	**R**	L	**A**	G	E	**G**	**M**	O	Q	**N**
G	B	C	**O**	R	**H**	**E**	**I**	**D**	**E**	**L**	**B**	**E**	**E**	**R**	**E**

....

Was sind deine Lieblingsobstsorten?

_____

_____

_____

_____

_____

_____

Frisch und gesund

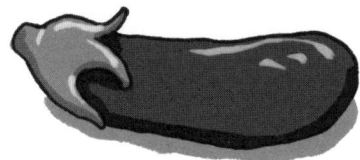

Die Silben dieser 16 Gemüsesorten sind durcheinandergeraten.
Schreibe jeweils die richtige Schreibweise auf.

1 kohl sen Ro: _____

2 ma To te: _____

3 bi ra Kohl: _____

4 tof Kar fel: _____

5 erb cher Ki se: _____

6 Ka te rot: _____

7 chen dies Ra: _____

8 ni chi Zuc: _____

9 kohl men Blu: _____

10 zel wur Schwarz: _____

11 Pa ka pri: _____

12 gi ber Au ne: _____

11 li O ve: _____

13 do vo ca A: _____

14 li Brok ko: _____

15 le Sel rie: _____

Lösung: 1. Rosenkohl | 2. Tomate | 3. Kohlrabi | 4. Kartoffel | 5. Kichererbse | 6. Karotte | 7. Radieschen | 8. Zucchini | 9. Blumenkohl | 10. Schwarzwurzel | 11. Paprika | 12. Aubergine | 13. Olive | 14. Avocado | 15. Brokkoli | 16. Sellerie

Lecker oder voll eklig?

Schreibe links die Gemüsesorten auf, die du magst, und rechts die, die dir nicht auf den Teller kommen.

Ein Wort mit zwei Bedeutungen

Verbinde immer zwei Bilder, die gleich heißen, aber verschiedene Bedeutungen haben.

Male eine nette Spinne in das Netz.

Lösung: Brille (Lesehilfe und Toilettensitz) | Feder (Vogel und Metallteil) | Fliege (Insekt und gebundene Schleife) |
Hahn (Vogel und Wasser) | Pfeife (Tabak und Triller) | Raupe (Insekt und Baufahrzeug) |
Schloss (Märchen und Tür) | Spinne (Insekt und Wäsche)

Bilderzahlen

Für welche Zahlen stehen die Bilder im Hunderterfeld?

 = _____  = _____  = _____   = _____  = _____

 = _____ 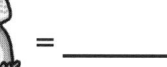 = _____   = _____ 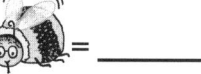 = _____ 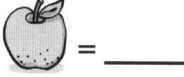 = _____

Male die markierten Felder bunt aus.

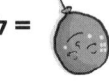 = 98
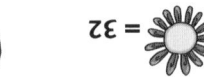 = 84
 = 77
 = 63
 = 60

= 46
= 32
= 29
= 11
= 5

Lösung:

Fliegenflug

Ein ganzes Fliegenvolk will einen Ausflug in die Stadt machen.
Alle fliegen in eine Richtung. Nur fünf freche Fliegen ändern ihre Richtung.
Kannst du sie sehen? Dann kreise sie ein.

 Frösche lieben Fliegen. Male ganz viele Fliegen,
die um den Frosch schwirren.

Lösung:

Abwärts mit Geschwindigkeit

Wie heißt eine Freizeitanlage, auf der man in Windeseile einen Berg runterfahren kann? Schreibe die Anfangsbuchstaben in Pfeilrichtung auf.

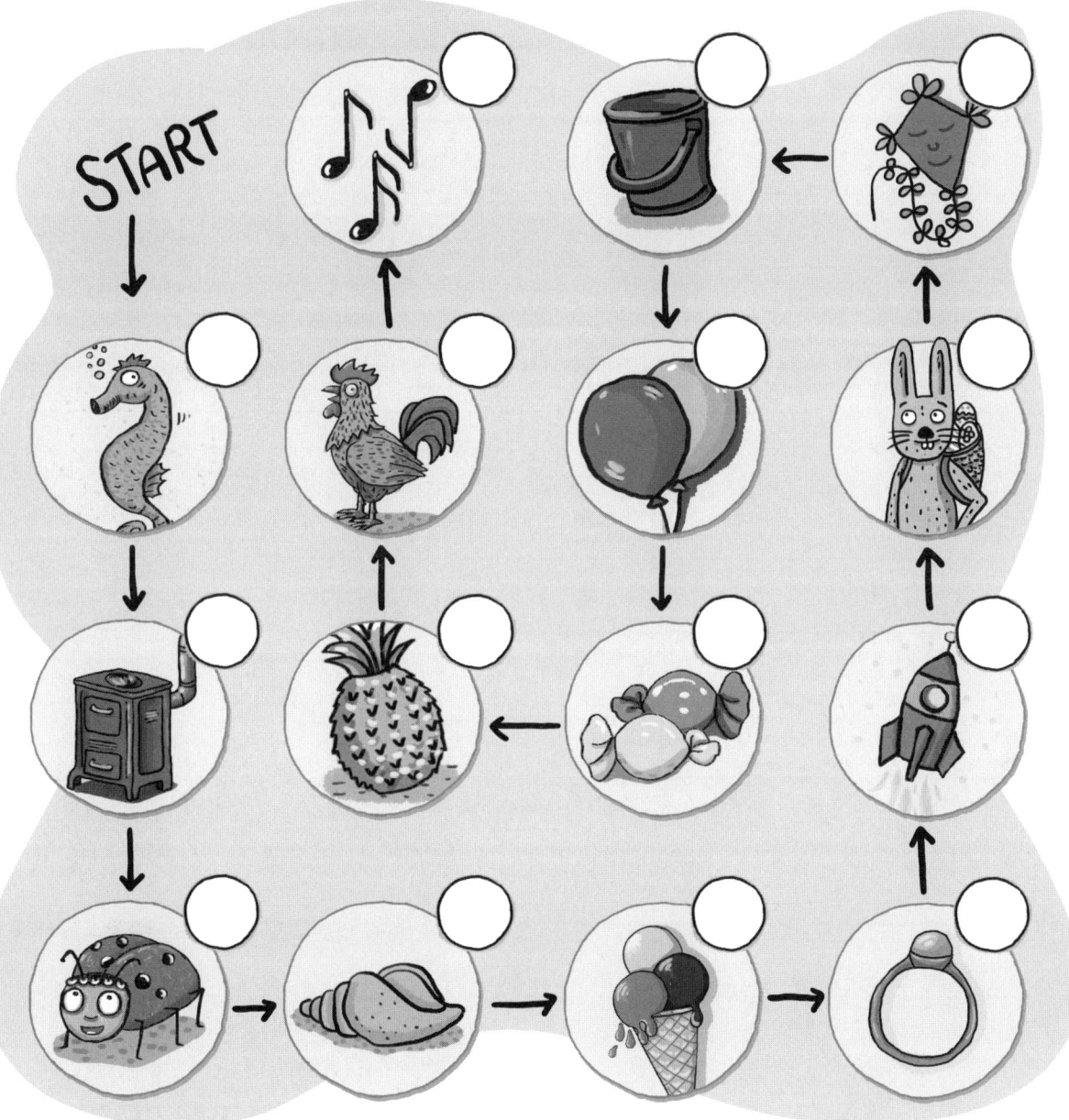

LÖSUNGSWORT:

Welche Freizeitbeschäftigungen machst du im Sommer besonders gern oder würdest du gerne mal ausprobieren?

_____

_____

_____

_____

_____

_____

_____

_____

_____

_____

_____

_____

_____

Lieblingsspeise

Elfi Eichhorn ist ein Leckermaul. Sie mag Nüsse und Kerne zum Fressen gern.
Eine Nusssorte hat es ihr besonders angetan. Welche das ist, erfährst du,
wenn du jeden dritten Buchstaben aus der Nussreihe aufschreibst.

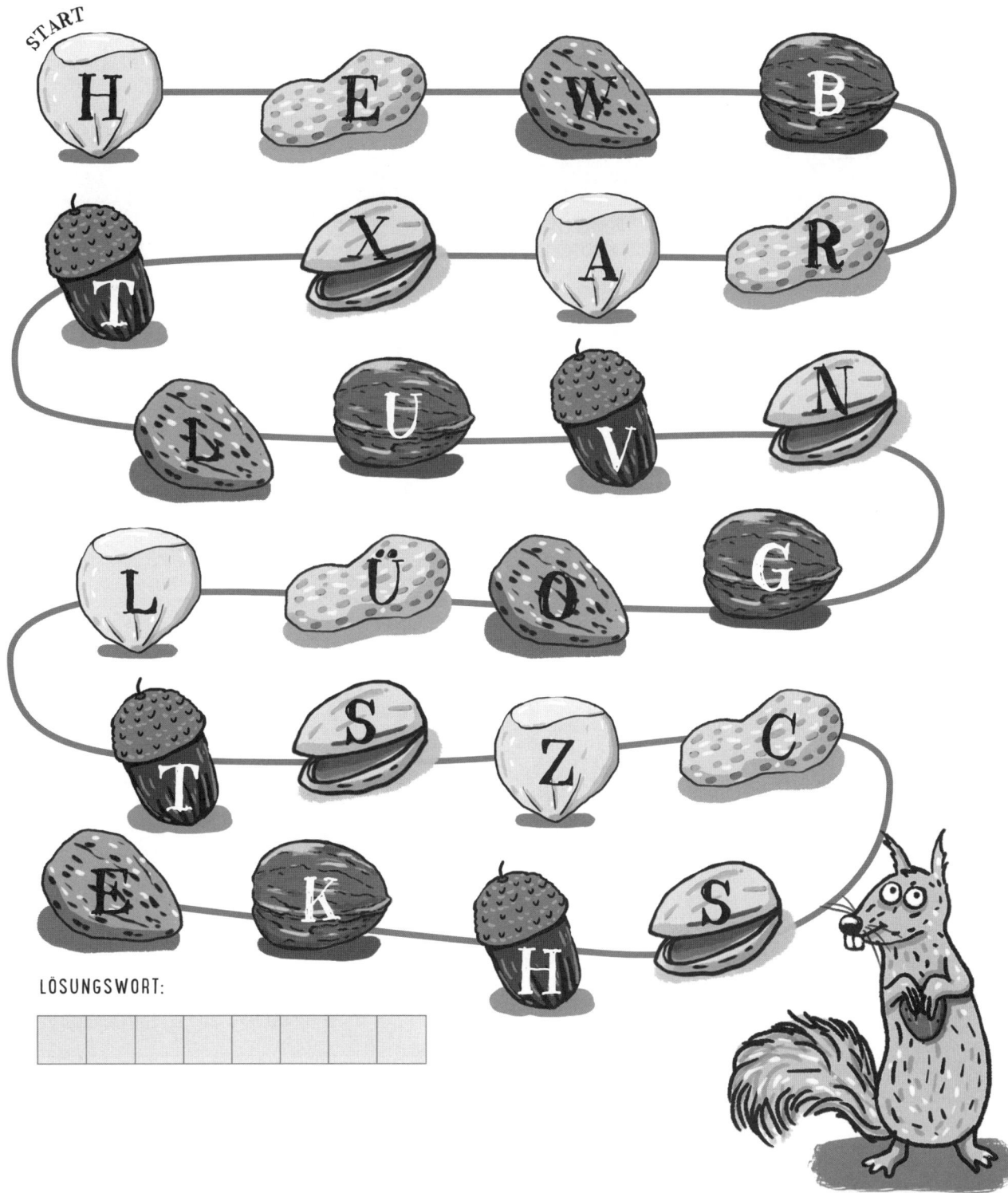

LÖSUNGSWORT:

Male das Bild bunt aus.

Lösung: Elf Eichhorn mag Walnüsse am liebsten.

Blumenzahlen

Rechne die Aufgaben. Welche Blume steht für welche Zahl?

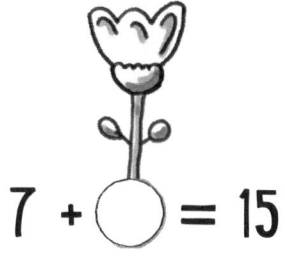

7 + ◯ = 15

8 + ◯ = 11

8 + ◯ = 17

15 + ◯ = 22

27 + ◯ = 33

11 + ◯ = 16

26 − ◯ = 23

11 − ◯ = 5

16 − ◯ = 7

28 − ◯ = 20

32 − ◯ = 27

35 − ◯ = 28

 = ◯ = ◯

 = ◯

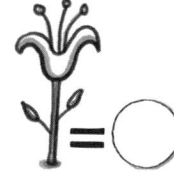 = ◯

 = ◯

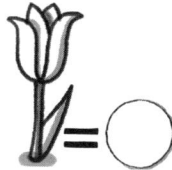 = ◯

Male bunte Blüten an den Blumenstrauß.

Lösung: = 8 = 3 = 9 = 6 = 5
= 7

Reimbilder

Verbinde immer zwei Wörter, die sich reimen.

Male auf die Vase ein schönes Muster.

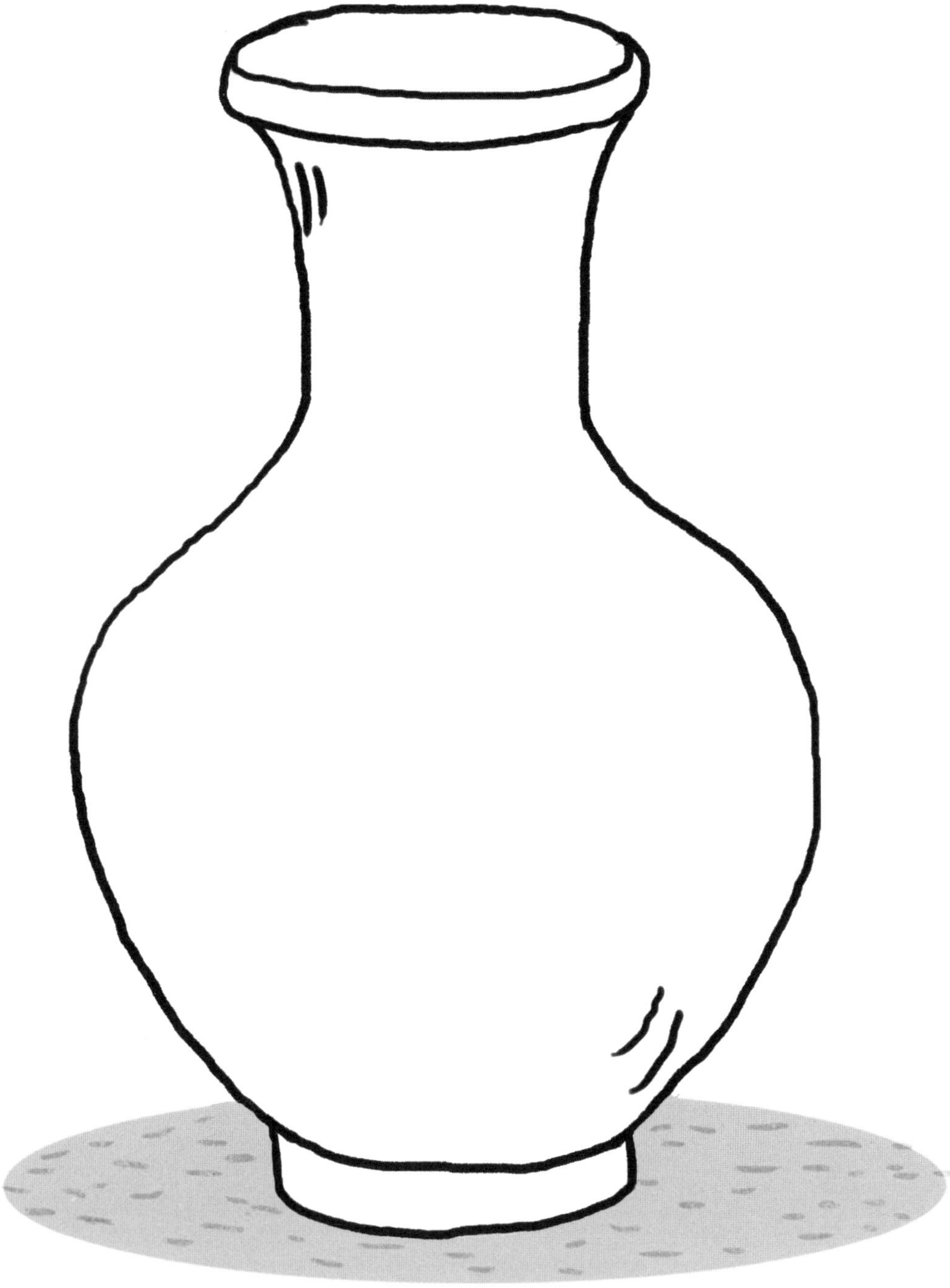

Lösung: Zwerg – Berg | Flasche – Tasche | Ziege – Wiege | Bein – Schwein | Hase – Vase | Kamm – Schwamm | Kuh – Schuh | Kanne – Wanne

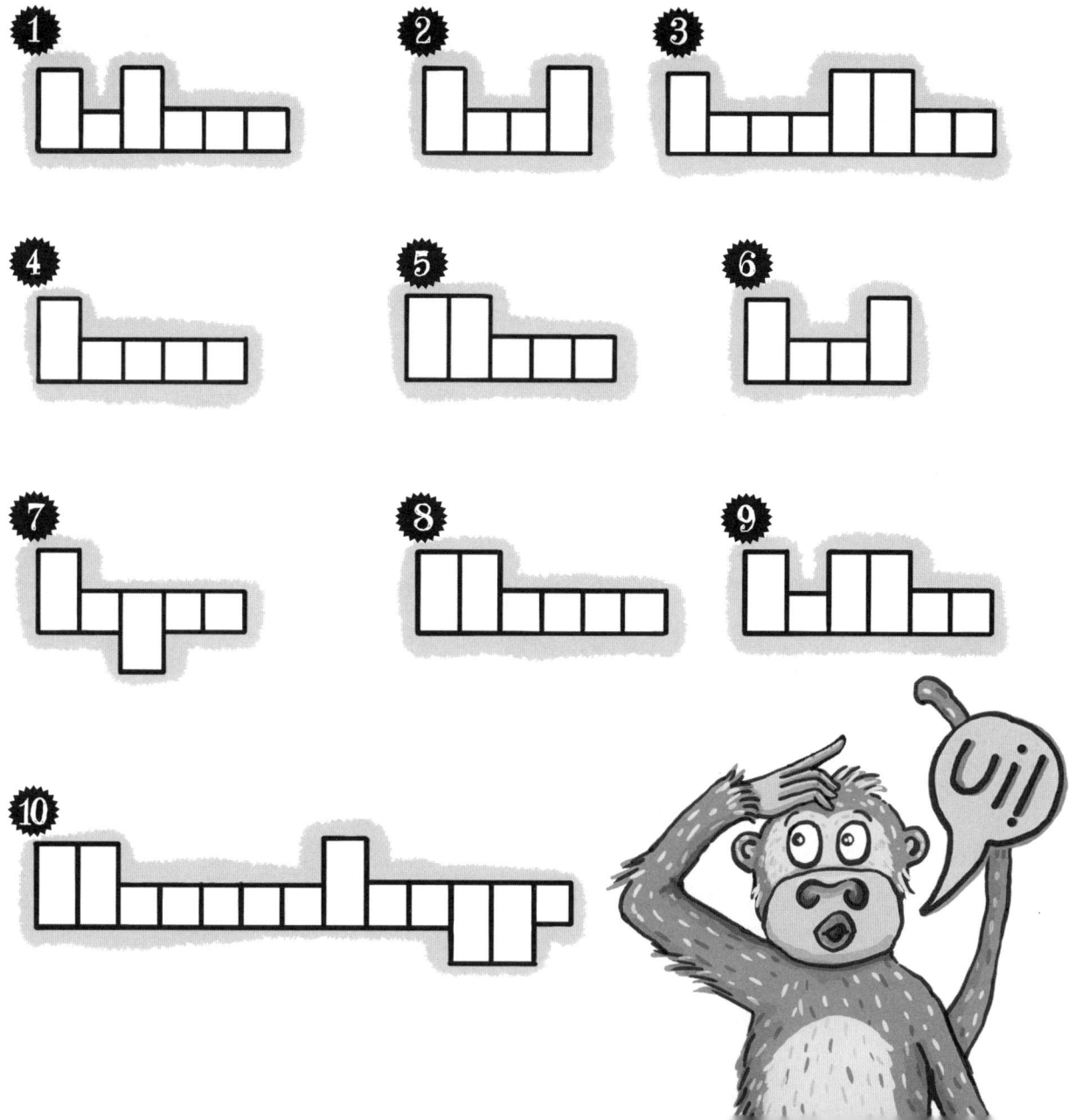

Hoch und tief

Kannst du erkennen, welches Wort in welche Vorlage geschrieben werden muss? Dann trage es ein.

Gewitter • Mond • Regen • Schnee • Sonne • Sterne • Sternschnuppe • Sturm • Wind • Wolken

Schreibe in die Sternschnuppen drei geheime Wünsche.

Lösung: 1. Schnee | 2. Wind oder Mond | 3. Gewitter | 4. Sonne | 5. Sturm | 6. Mond oder Wind | 7. Regen | 8. Sterne | 9. Wolken | 10. Sternschnuppe

Aus einem mach mehr!

Schreibe zu jedem Bild zuerst das Wort in der Einzahl und dann in der Mehrzahl mit dem jeweiligen Begleiter.

EINZAHL	→	MEHRZAHL

Male die Bälle bunt aus.

Lösung: der Stuhl —> die Stühle | das Haus —> die Häuser | der Löffel —> die Löffel | das Auto —> die Autos |
die Brille – die Brillen | der Ball —> die Bälle

In der Luft und auf dem Ast

Setze für die Zahlen die entsprechenden Buchstaben aus dem Alphabet ein, und du kannst Namen von Vögeln lesen, die bei uns zu Hause sind. Wenn du möchtest, kannst du das Zahlenalphabet vorn aus dem Block zu Hilfe nehmen.

a 7 1 18 20 5 14 7 18 1 19 13 29 3 11 5

b 5 9 3 8 5 12 8 27 8 5 18

c 2 21 14 20 19 16 5 3 8 20

d 6 5 12 4 19 16 5 18 12 9 14 7

e 18 15 20 11 5 8 12 3 8 5 14

f 13 1 21 5 18 19 5 7 12 5 18

Male den Buntspecht aus.

Lösung: a. Gartengrasmücke | b. Eichelhäher | c. Buntspecht | d. Feldsperling | e. Rotkehlchen | f. Mauersegler

Katz und Maus

Schreibe in jedes Kästchen der Zeichnung von Katze und Maus
die entsprechende Zahl aus dem Hunderterfeld auf.

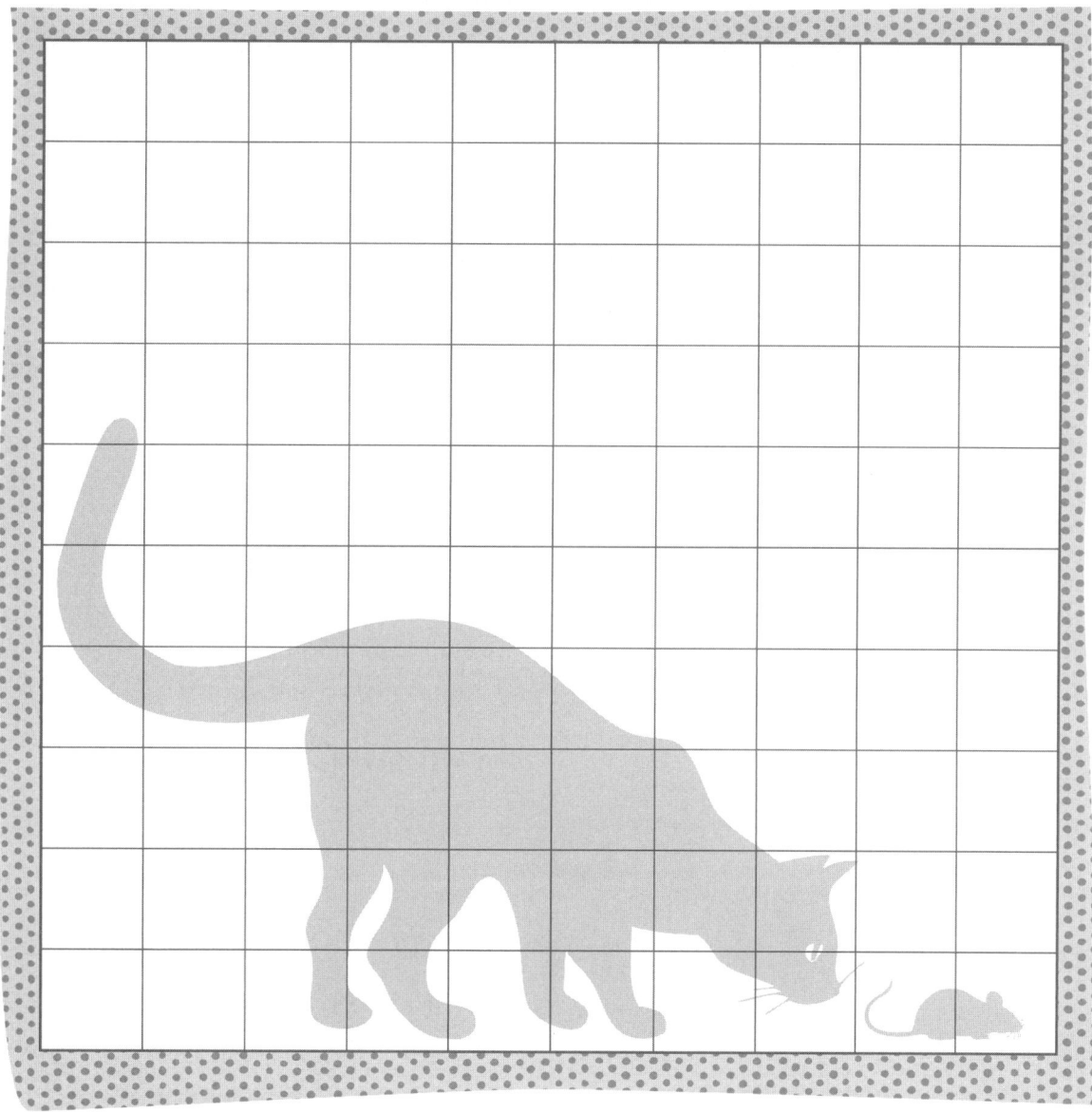

Glurak und Glumanda

Hänsel und Gretel

Fix und Foxi

Tom und Jerry

Laurel und Hardy

Maja und Willi

Susi und Strolch

Freunde und Feinde

Wie heißt das bekannte Katz-und-Maus-und-Paar, das nicht miteinander, aber auch nicht ohneeinander kann?

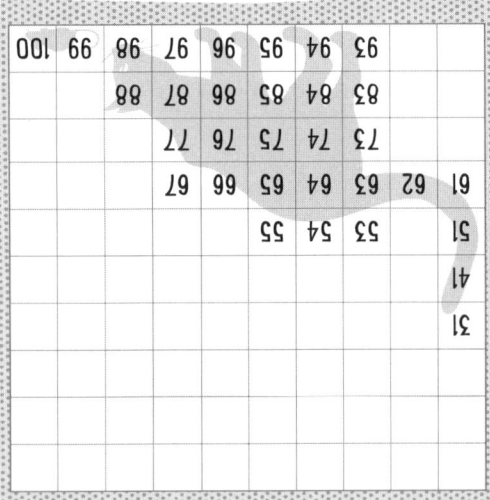

31									
41									
51		53	54	55					
61	62	63	64	65	66	67			
			73	74	75	76	77		
		83	84	85	86	87	88		
		93	94	95	96	97	98	99	100

Lösung:

32

Alles eine Frage der Zeit

Wie gut kennst du dich mit Uhrzeiten, Jahreszeiten und dem Kalender aus?

a Wie viele Monate hat ein Jahr? _____

b Wie viele Tage sind vier Wochen? _____

c Wie heißt der neunte Monat im Jahr? _____

d In welcher Jahreszeit wird Ostern gefeiert? _____

e Welches Datum hat der siebte Tag des elften Monats
dieses Jahres? _____

f Wie heißen die beiden aufeinanderfolgenden Monate mit 31 Tagen?

_____

g Welche Jahreszeit folgt auf den Sommer? _____

h Welches Datum gibt es nur in einem Schaltjahr? _____

i Welcher Monat hat die wenigsten Tage? _____

j Wenn es 21 Uhr ist, war es 12 Stunden vorher _____ Uhr.

Lösung: a. 12 Monate | b. 28 Tage | c. September | d. im Frühling | e. 7. November 20__ | f. Juli und August | g. Herbst | h. 29. Februar | i. der Februar mit 28 Tagen | j. 9 Uhr

34

Wann hast du Geburtstag? _____

In welcher Jahreszeit hast du Geburtstag? _____

Welche Jahreszeit magst du am liebsten? _____

Welche Jahreszeit gefällt dir nicht so gut? _____

Welchen Wochentag findest du am besten? _____

Welchen Wochentag würdest du am liebsten abschaffen?

_____

Was ist deine Glückszahl? _____

Welches Motto ist deins? Kreuze an.

◯ Der frühe Vogel fängt den Wurm.

◯ Nachteulen haben mehr vom Tag.

At School

Verbinde immer ein deutsches Wort mit der richtigen englischen Vokabel.

Stift	blackboard
Buch	book
Hausaufgaben	classroom
Klassenzimmer	homework
Lehrerin	lesson
Radiergummi	page
Seite	pencil
Tafel	rubber
Unterricht	teacher

Kritzle etwas an die Tafel.

Lösung: Stift – pencil | Buch – book | Hausaufgaben – homework | Klassenzimmer – classroom | Lehrerin – teacher | Radiergummi – rubber | Seite – page | Tafel – blackboard | Unterricht – lesson

Nudelwirrwarr

Welche zwei Kinder haben jeweils ein Ende derselben Nudel in der Hand?
Schreibe die Paare auf.

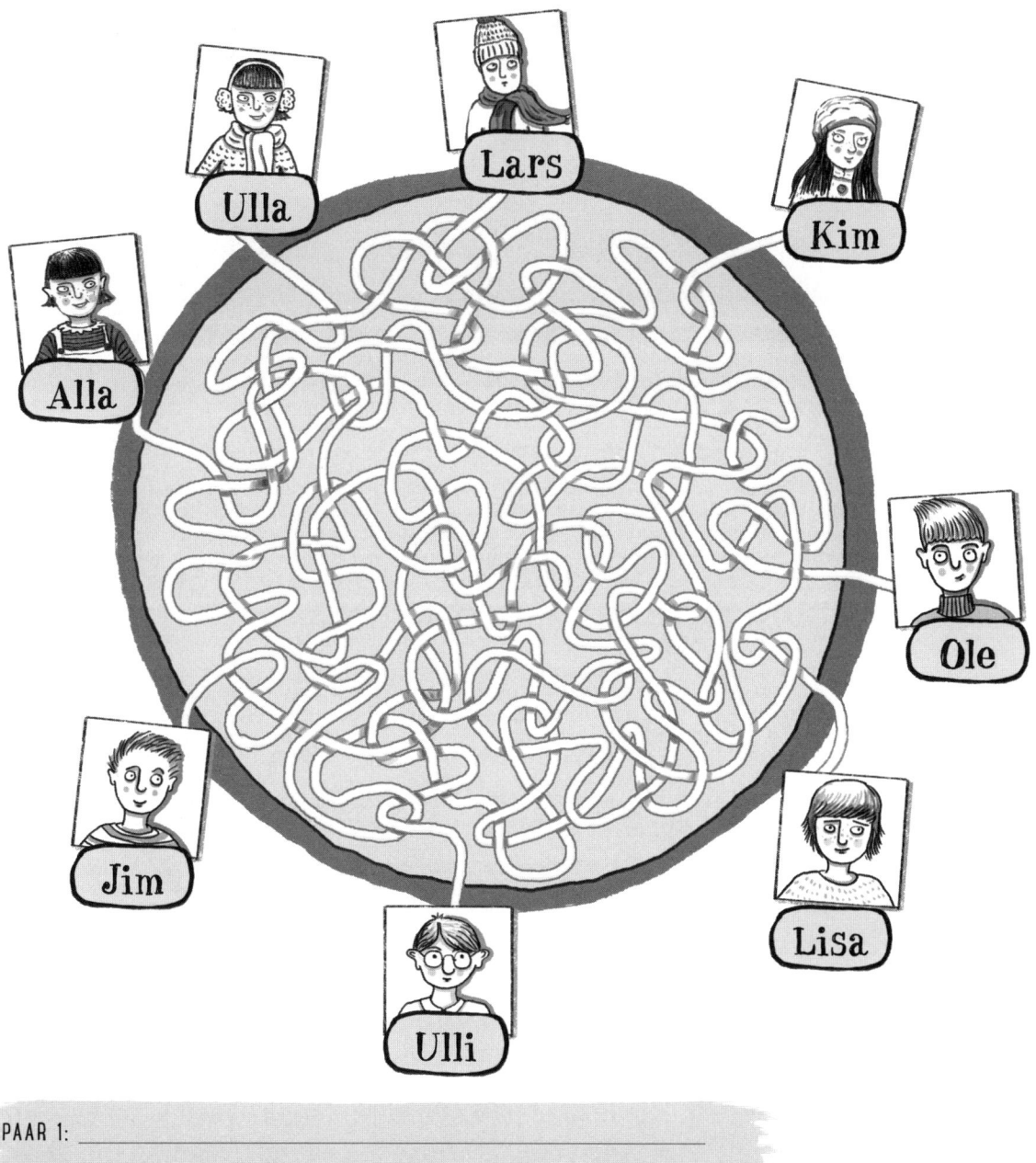

PAAR 1: _____

PAAR 2: _____

PAAR 3: _____

PAAR 4: _____

Lösung: Tischtennis

Zweikampf

Setze aus den Buchstaben das Wort für eine Ballsportart mit einer Kelle zusammen, die man in der Regel zu zweit gegeneinander spielt. Der erste Buchstabe ist markiert.

Lösung: Paar 1: Ulla und Jim | Paar 2: Lars und Ulli | Paar 3: Kim und Lisa | Paar 4: Alla und Ole

Zahlentorten

Welche Zahlen fehlen? Ergänze die Zahlen, indem du innerhalb der Tortenstücke zusammenzählst oder abziehst. Das Ergebnis ist immer die Zahl in der Mitte.

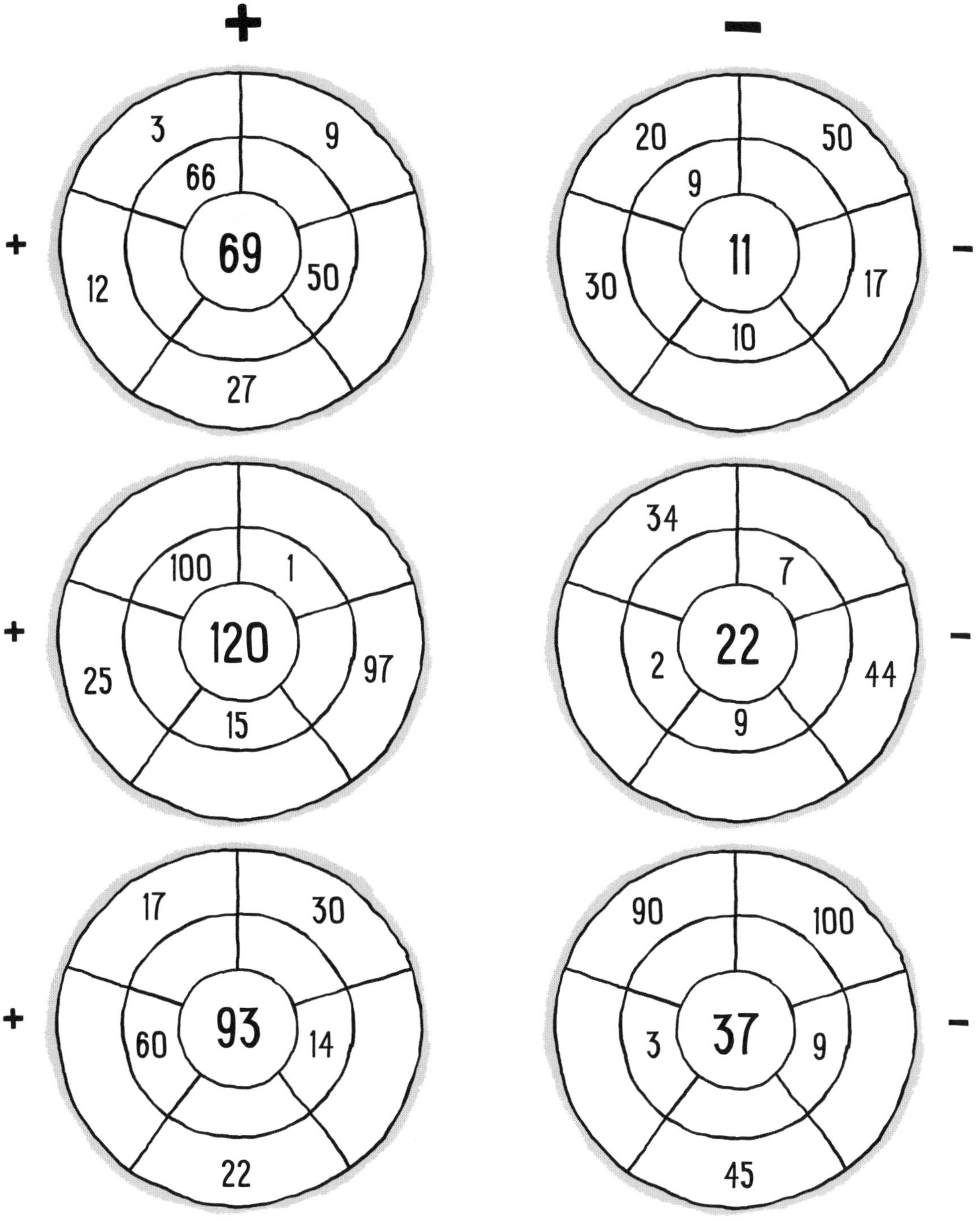

+

+

3   9

66

69

12   50

27

−

−

20   50

9

11

30   17

10

+

100   1

120

25   97

15

34

7

2 **22** 44

9

−

+

17   30

60 **93** 14

22

90   100

3 **37** 9

45

−

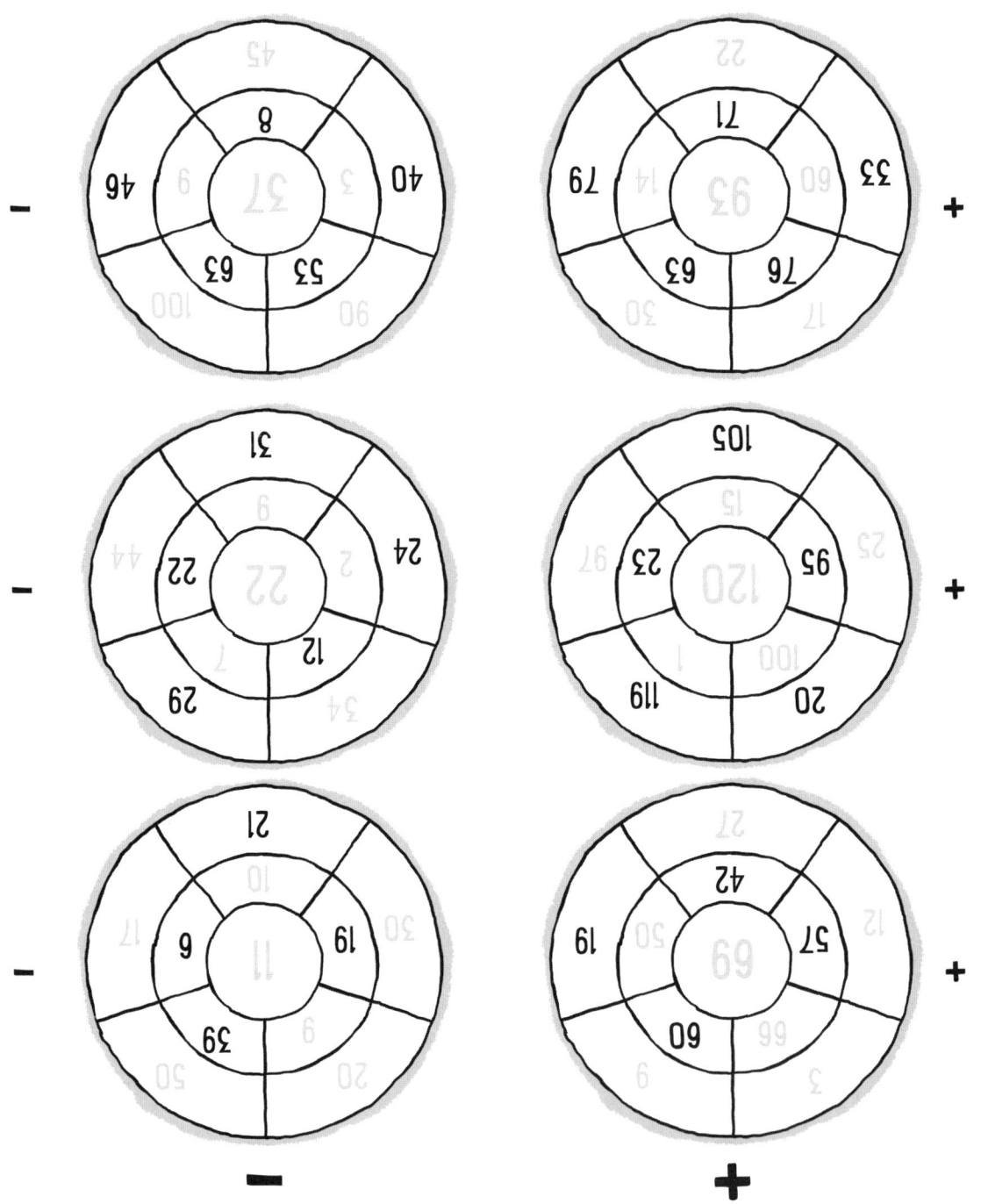

Lösung:

Baufahrzeuge, Nutzfahrzeuge und Einsatzfahrzeuge

Was ist was? Schreibe die Nummer des Namens an das entsprechende Bild.

1 BAGGER

2 BULLDOZER

3 BETONMISCHER

4 FEUERWEHR

5 GABELSTAPLER

6 KIPPER

7 KRAN

8 KRANKENWAGEN

9 LADER

10 LKW

11 TANKWAGEN

12 WALZE

Male eins der Fahrzeuge nach.

Lösung: 1e | 2h | 3i | 4g | 5c | 6k | 7b | 8l | 9j | 10d | 11f | 12a

Abkühlung im Sommer

Was hilft wunderbar, um sich bei Hitze abzukühlen? Löse das Bilderrätsel.
Die markierten Buchstaben verraten dir die Lösung.

LÖSUNGSWORT:

Male den Eisbecher bunt aus.

Lösung: Wasserschlacht

Die Speisekarte

Entziffere die Speisen auf der Karte, indem du für die Zahlen die entsprechenden Buchstaben aus dem Alphabet einsetzt. Du kannst das Zahlenalphabet vom Anfang des Blocks zu Hilfe nehmen.

Schreibe deine Lieblingsgerichte auf:

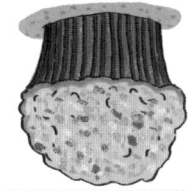

Vorspeise

1. _____
2. _____
3. _____
4. _____
5. _____

Hauptgericht

1. _____
2. _____
3. _____
4. _____
5. _____

Nachspeise

1. _____
2. _____
3. _____
4. _____
5. _____

Lösung: **Vorspeise:** Gemüsespieße mit Quark | **Hauptspeise:** Bratbähnchen mit Pommes | **Nachspeise:** Obstjoghurt mit Schokostreuseln

Ein pupsendes Insekt

Es gibt ein Insekt, das sich vor Feinden mit einem kräftigen Pups schützt. Wie dieser Pupser heißt, erfährst du, wenn du die Buchstaben in der Reihenfolge der Zahlen von 1 bis 15 aufschreibst.

LÖSUNGSWORT:

Male den Käfer mit schillernden Farben aus.

Lösung: Die Pupse des Bombardierkäfers sind wie heiße, stinkige Kanonenschüsse und verjagen jeden Feind.

Perlenpracht

Von jeder Perlenart gibt es fünf Stück. Nur von einer Sorte gibt es drei.
Kreise diese ein.

Lösung:

Male die Perlen bunt aus.

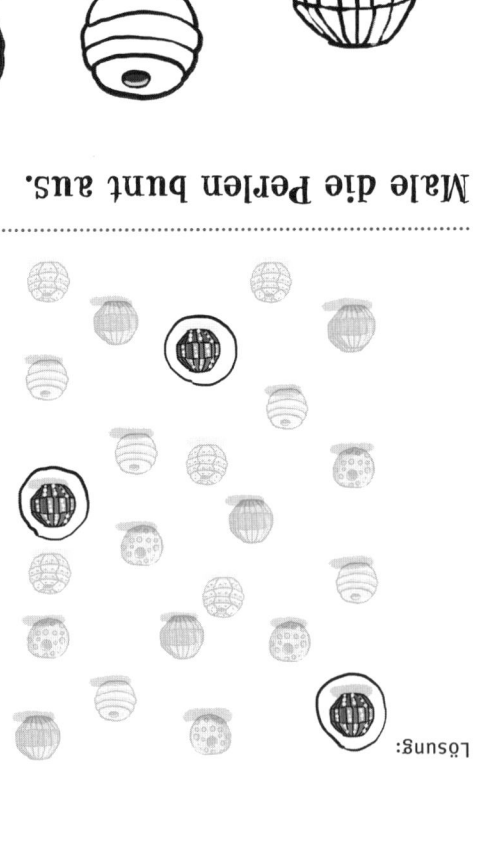

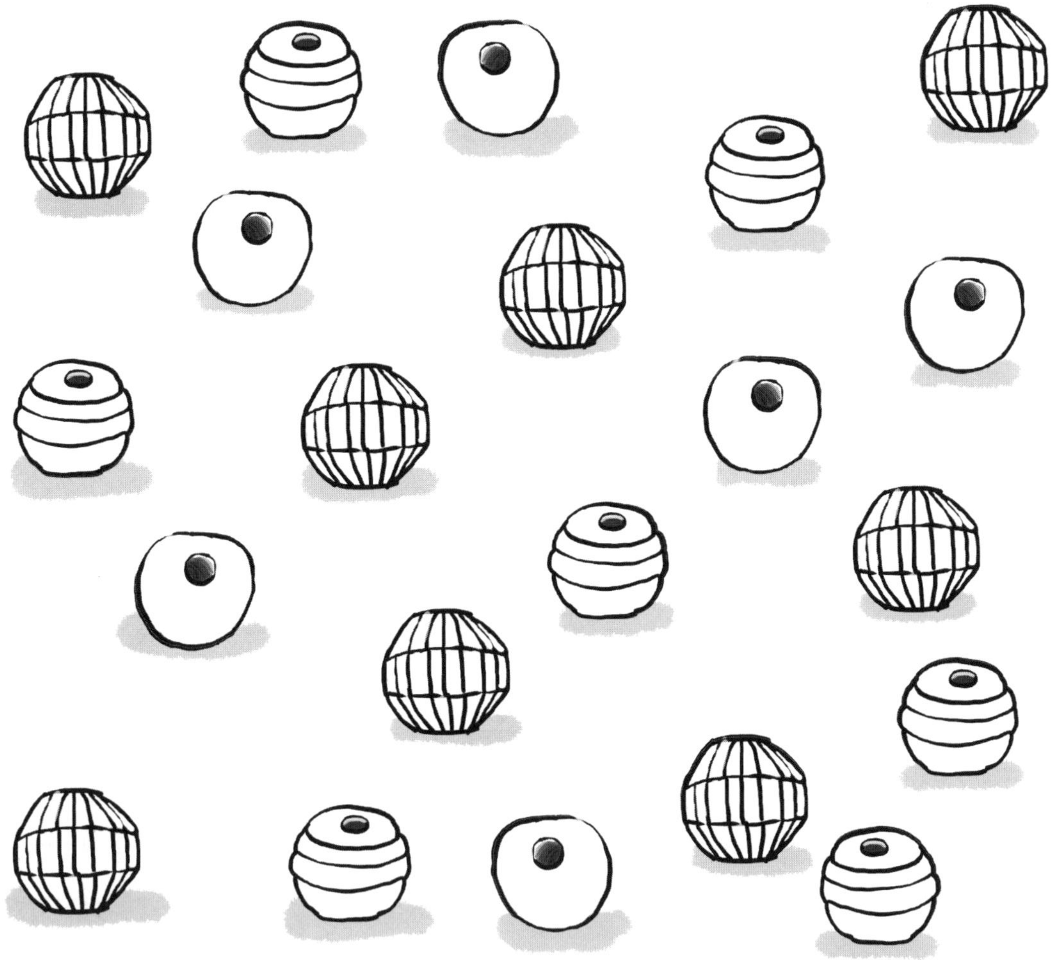

Markt

Auf dem Markt kannst du viele verschiedene Obst- und Gemüsesorten sehen.
Eine der vier unteren Sorten fehlt im Bild. Kreuze sie an.

Eine Schwanane

Was ist gelb und krumm und kann schwimmen?

Eine Wanderine

Was ist klein und orange und geht über die Berge?

Das Brotkäppchen

Was ist braun, hat eine Kruste und keine Angst vorm bösen Wolf?

Eine Knastanie

Was ist braun und sitzt hinter Gittern?

Ein Jumpignon

Was ist weiß und springt und herum?

Ein Schmollkornbrot

Was ist körnig und schwer und beleidigt?

Eine Klomate

Was ist rot und sitzt auf der Toilette?

Eine Zappelsine

Was ist groß und orange und kann nicht ruhig sitzen?

Ein Klopfsalat

Was ist grün und klopft an die Tür?

Gesunde Witze

Lösung: Die Melone

Der Pflaumenfresser

Wutzi, der Wurm, liebt Pflaumen über alles. Von diesem Pflaumenbaum hat er schon alle Früchte mit einer Zahl gekostet, die durch 7 teilbar ist. Kreuze diese an.

Male das Obst aus.

Lösung: 14 | 21 | 28 | 35 | 42 | 49 | 56 | 63 | 77

Handwerkszeug

Verbinde immer einen Beruf mit einem Gegenstand, den man mit diesem Beruf verbindet.

ARZT/ÄRZTIN

TAFEL

ELEKTRIKER*IN

FERNFAHRER*IN

KELLE

HOBEL

GÄRTNER*IN

KOCH/KÖCHIN

LKW

GIESSKANNE

KABEL

TOPF

POLIZIST*IN

LEHRER*IN

SCHIENEN

SPRITZE

SCHNEIDER*IN

MAURER*IN

TISCHLER*IN

STRAFZETTEL

SCHERE

LOKFÜHRER*IN

Schreibe auf, welche Berufe dich interessieren und
welche du auf keinen Fall erlernen möchtest.

VORSTELLBAR	KEIN INTERESSE

Lösung: Arzt/Ärztin: Spritze | Elektriker*in: Kabel | Fernfahrer*in: Lkw | Gärtner*in: Gießkanne |
Koch/Köchin: Topf | Lehrer*in: Tafel | Lokführer*in: Schienen | Maurer*in: Kelle | Polizist*in: Strafzettel |
Schneider*in: Schere | Tischler*in: Hobel

Mandelkekse

Lena hat Kekse gebacken und verziert jeden mit einer Mandel. Dafür hat sie eine Tüte mit 100 Mandeln gekauft. Wie viele Mandeln bleiben nach dem Verzieren übrig? Schreibe die Aufgabe auf und rechne sie aus.

RECHENAUFGABE:

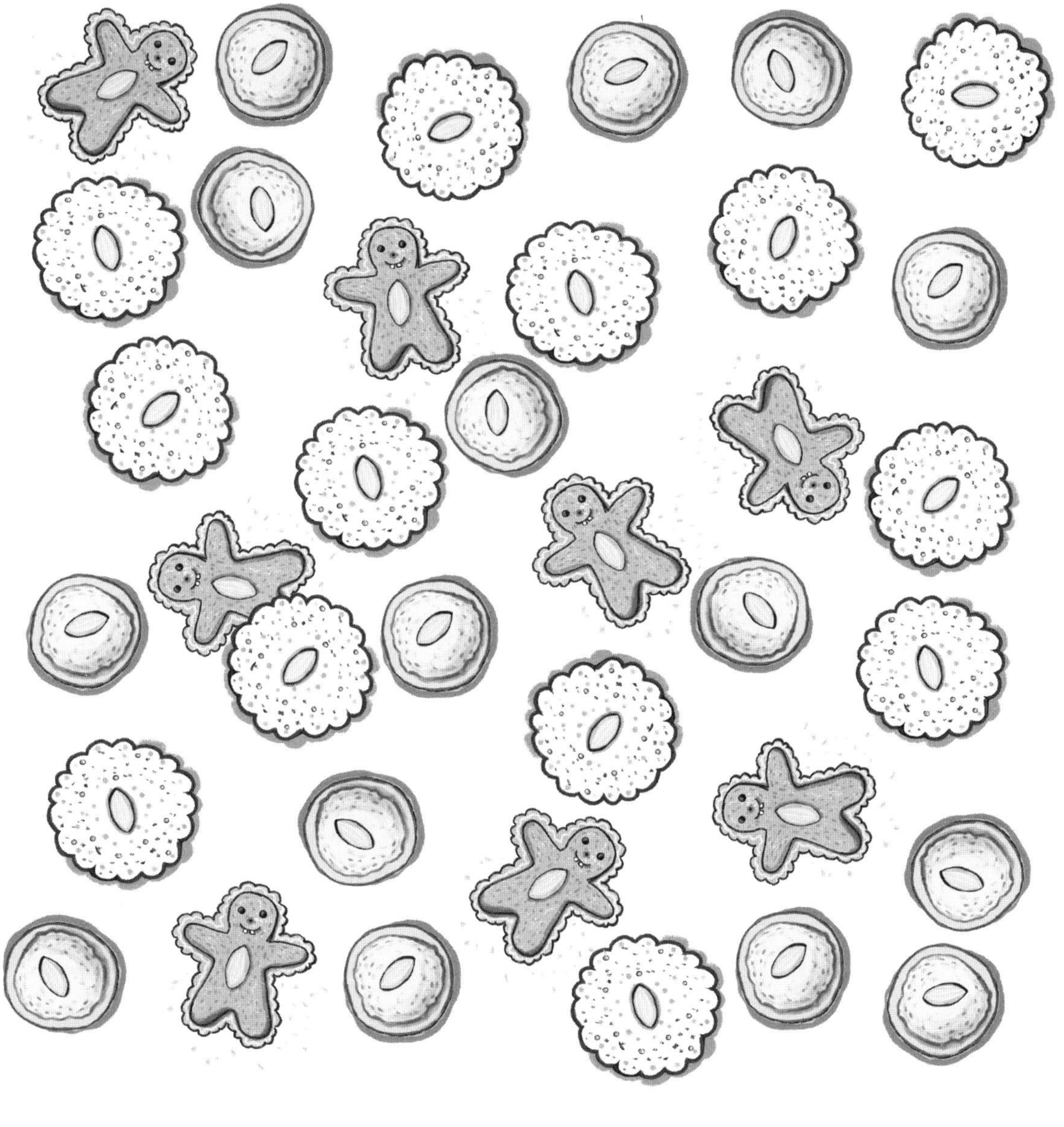

Lösung:

| 1 | 0 | 0 | − | 3 | 6 | = | 6 | 4 |

Im Freizeitpark

Gesucht wird eine Attraktion, die es in verschiedenen Formen in vielen Freizeitparks gibt. Schreibe die Antworten auf die folgenden Fragen in die entsprechenden Felder auf der nächsten Seite. Die markierte Spalte verrät dir die Lösung.

1. Gegenteil von kalt

2. Schaukelndes Babybett

3. Glibbriges Meerestier

4. Bekleidungsstück für den Oberkörper mit Knöpfen

5. Waffe der Ritter mit langer Klinge

6. Sehr großer Selbstbedienungsladen

7. Königstochter

8. Langgestrecktes Organ zur Atmung und Nahrungsaufnahme, z. B. bei Elefanten

9. Männliche Anrede

10. Sammelbegriff für Tassen, Teller, Gläser und Schüsseln

11. Landschaftsform mit vielen hohen Bergen

12. Anderes Wort für Apfelsine

13. Bekleidungstücke für die Füße

14. Gebäude, in dem Züge ankommen und abfahren

Im Freizeitpark

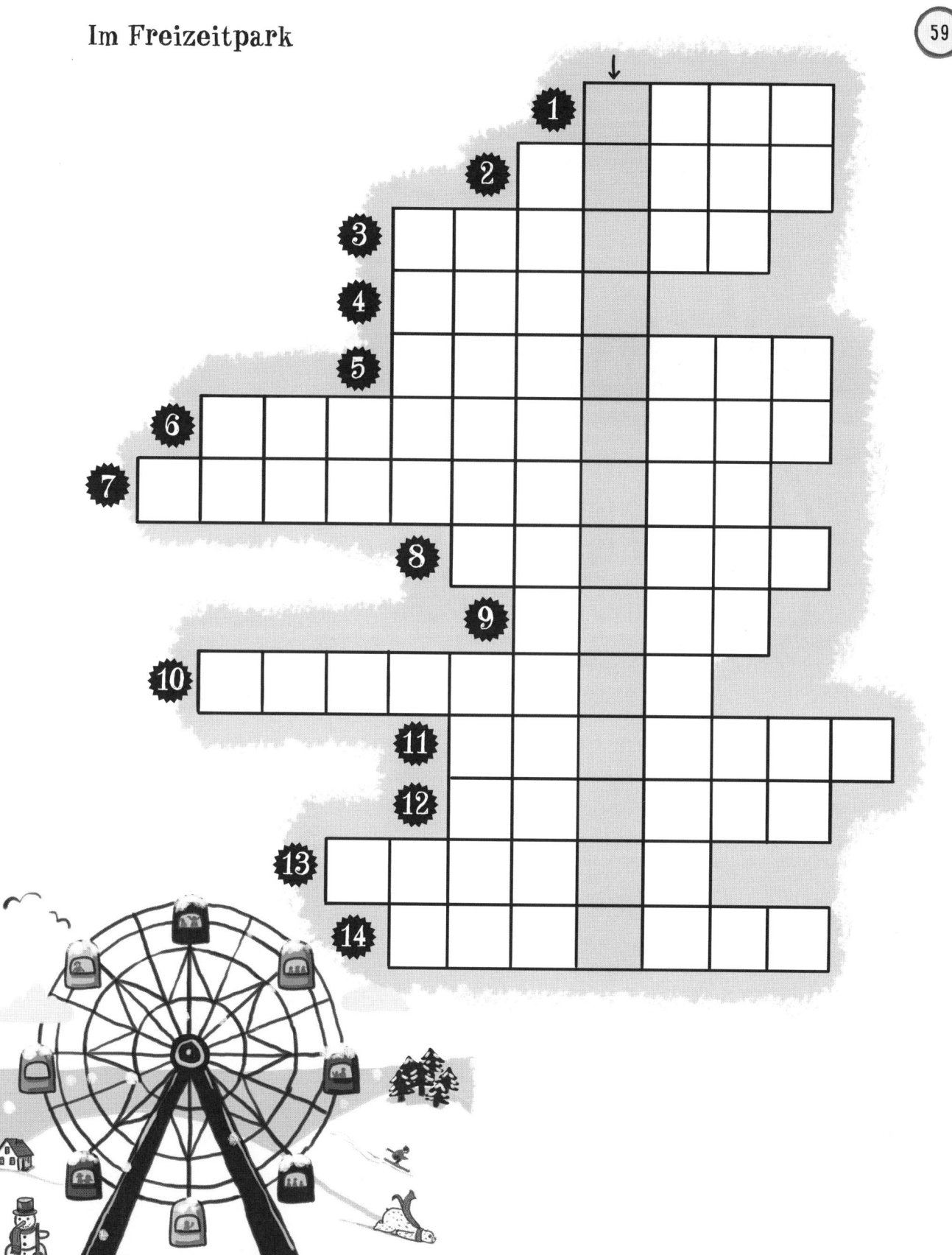

Lösung:

Und noch mehr Spaß!

Welche zwei Fahrgeschäfte findest du
auch in einem Freizeitpark?
Setze die beiden fehlenden
Wortteile aus den Buchstaben
zusammen.
Der Anfangsbuchstabe ist
jeweils eingekreist.

Lösung: Achterbahn und Geisterbahn

Gerecht verteilt

Leon und seine zwei Geschwister haben eine Tüte Bonbons geschenkt
bekommen. Nun müssen die gerecht verteilt werden. Wie viele Bonbons
bekommt jedes Kind? Schreibe die Rechenaufgabe auf und löse sie.

LÖSUNG:

Male die Lutscher bunt aus.

Lösung: 27 : 3 = 9 Bonbons bekommt jedes Kind.

Rauna Raupe

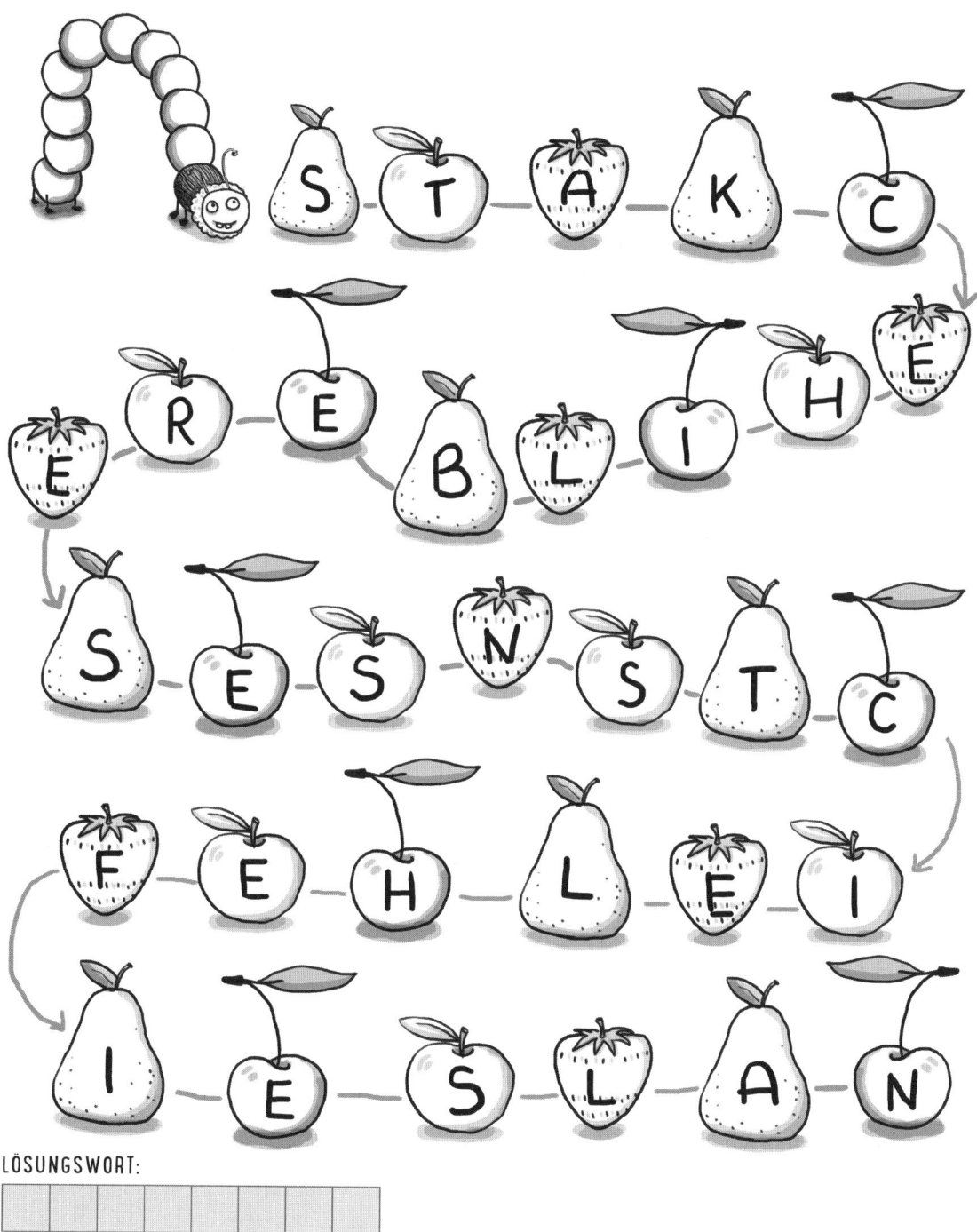(63)

Welches Obst isst Rauna am liebsten? Schreibe jeden vierten Buchstaben auf Raunas Weg durch die Früchte auf.

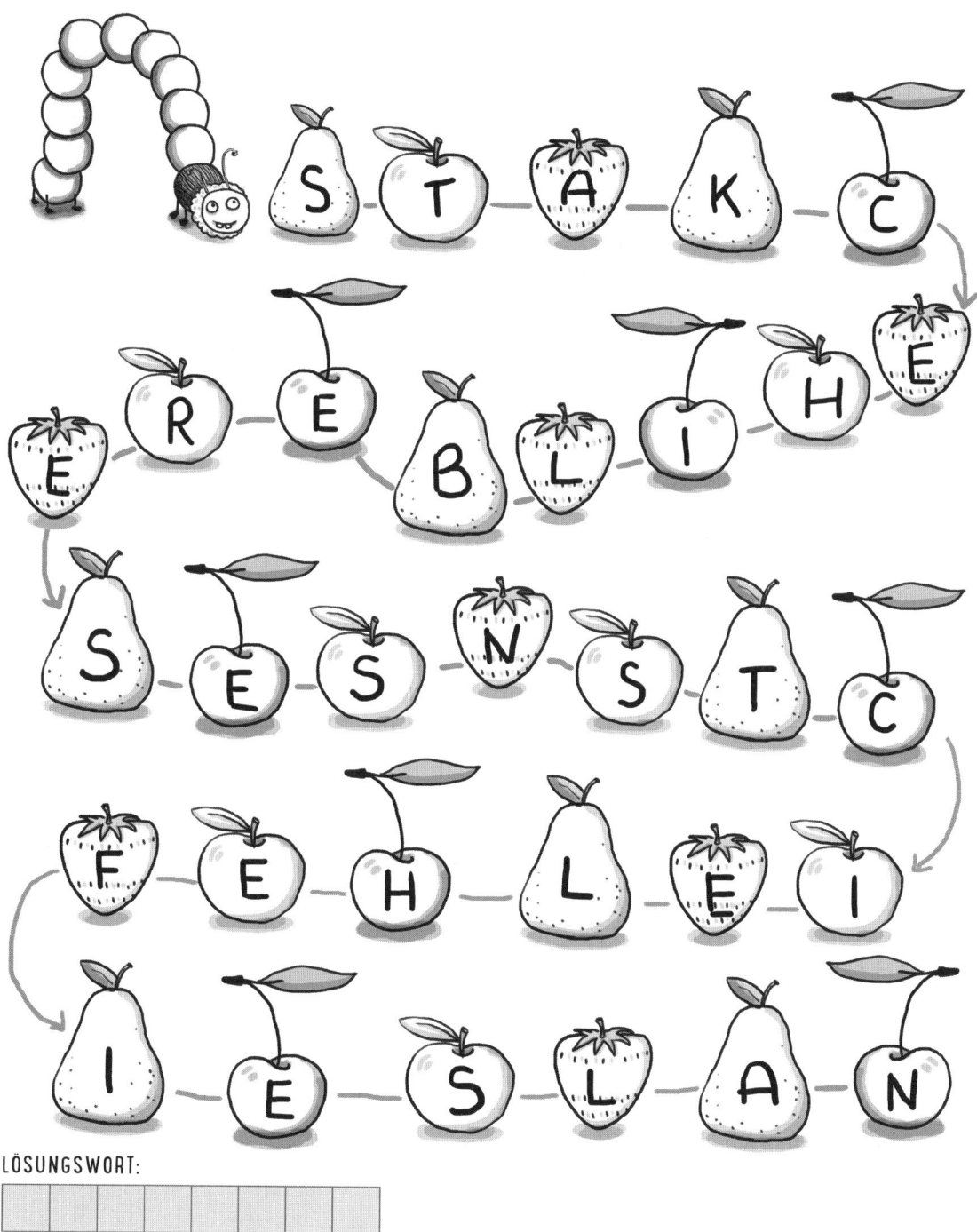

LÖSUNGSWORT:

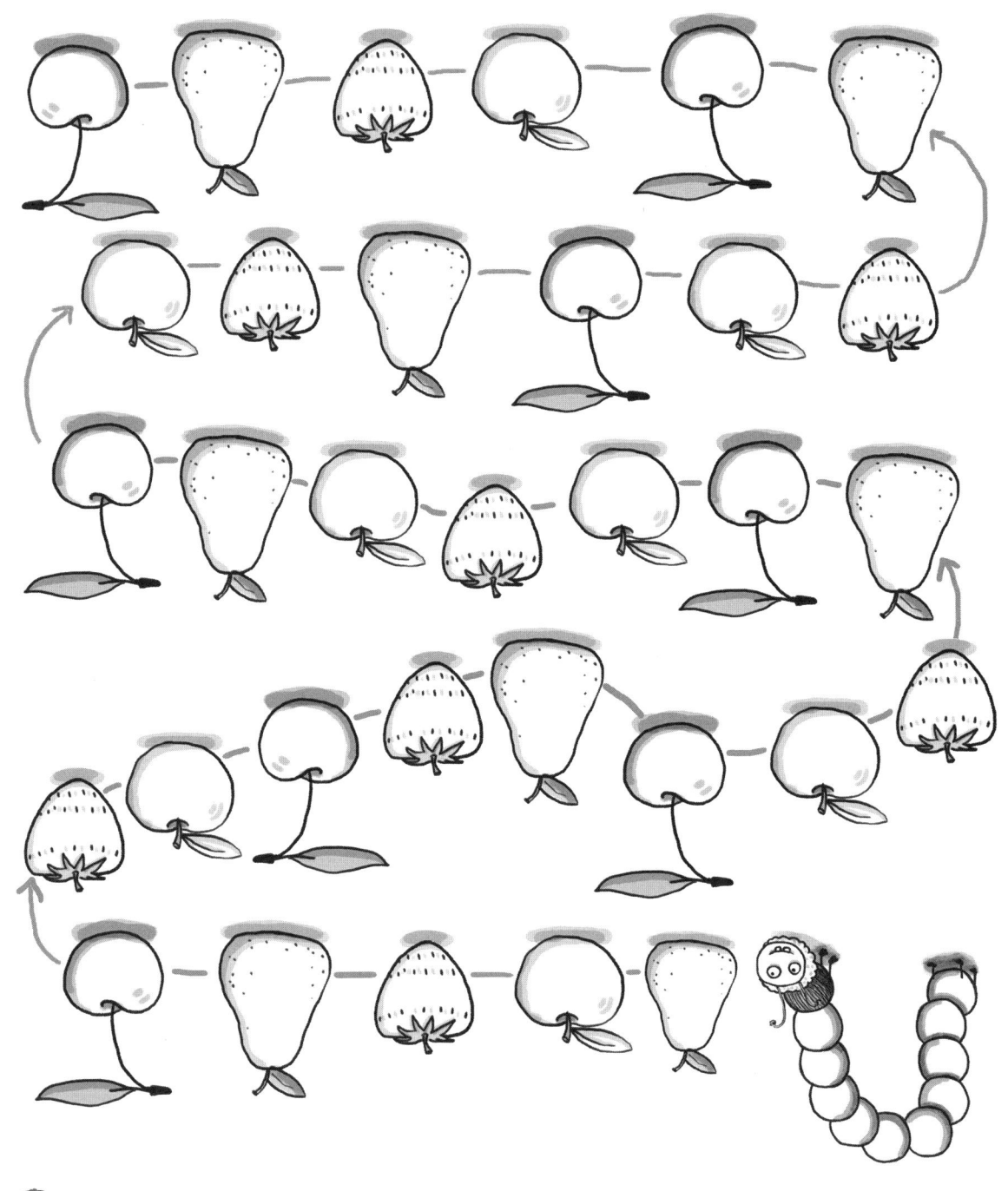

Male das Obst bunt aus.

Lösung: Raunas Lieblingsobst sind Kirschen.

Ein Tag am Meer

Finde in diesem Buchstabengitter 15 Dinge, die man für einen Tag am Meer gebrauchen kann.

T	A	Q	W	S	E	R	D	T	Z	U	I	O	P	Ü
A	A	S	S	O	N	N	E	N	S	C	H	I	R	M
U	D	F	G	N	H	J	C	K	L	Ö	A	M	G	Ä
C	Y	X	C	N	V	B	K	N	M	P	N	Ü	E	S
H	O	I	U	E	Z	T	E	R	E	W	D	Q	T	O
E	S	O	N	N	E	N	H	U	T	A	T	S	R	N
R	D	B	F	B	G	H	J	K	L	Ä	U	M	Ä	N
B	V	S	W	R	A	S	D	V	B	N	C	M	N	E
R	B	T	B	I	K	I	N	I	P	O	H	I	K	N
I	X	R	F	L	O	S	S	E	N	Z	T	R	E	C
L	E	W	C	L	B	R	T	S	N	A	C	K	S	R
L	B	A	D	E	H	O	S	E	W	N	M	Z	U	E
E	L	K	J	H	G	F	D	S	A	U	M	N	T	M
R	E	W	L	U	F	T	M	A	T	R	A	T	Z	E
S	C	H	N	O	R	C	H	E	L	Y	E	S	T	Z

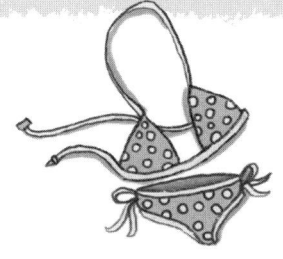  

Badehose, Bikini oder Badeanzug?

Male dein Badeoutfit.

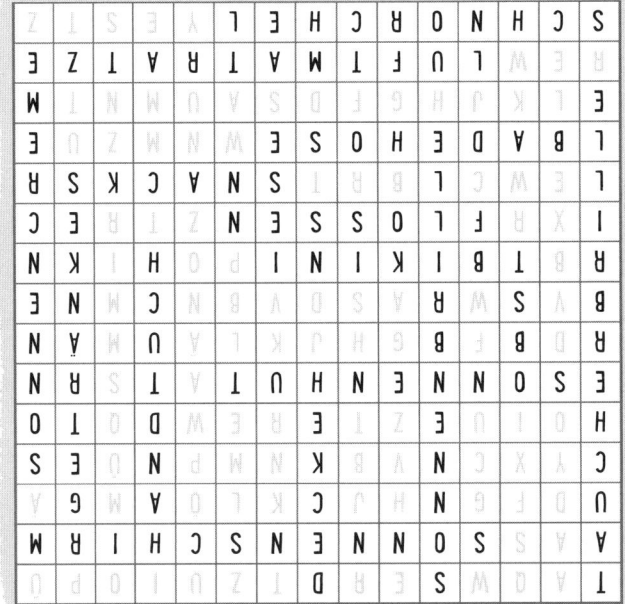

Lösung:

Aus plus mach mal!

Wandle die Plusaufgaben wie im Beispiel in Malaufgaben um und rechne sie aus.

BEISPIEL: $5 + 5 + 5 + 5 + 5 = 5 \cdot 5 = 25$

a $7 + 7 + 7 + 7 + 7 + 7 + 7 + 7 =$ _____

b $0 + 0 + 0 + 0 + 0 + 0 + 0 + 0 + 0 + 0 =$ _____

c $2 + 2 + 2 + 2 + 2 =$ _____

d $9 + 9 + 9 + 9 + 9 + 9 + 9 + 9 + 9 =$ _____

e $5 + 5 + 5 =$ _____

f $4 + 4 + 4 + 4 + 4 + 4 + 4 =$ _____

g $6 + 6 =$ _____

h $1 + 1 + 1 + 1 + 1 + 1 + 1 + 1 + 1 + 1 =$ _____

i $3 + 3 + 3 + 3 + 3 + 3 =$ _____

j $8 + 8 + 8 + 8 =$ _____

Lösung: a. 8 · 7 = 56
b. 10 · 0 = 0
c. 5 · 2 = 10
d. 9 · 9 = 81
e. 3 · 5 = 15
f. 7 · 4 = 28
g. 2 · 6 = 12
h. 10 · 1 = 10
i. 6 · 3 = 18
j. 4 · 8 = 32

Kritzle Muster auf das Rechenblatt.

Bunte Falter

Gesucht wird eine Schmetterlingsart. Setze den Namen aus den Buchstaben des unteren Schmetterlings in der Reihenfolge des oberen zusammen.

LÖSUNGSWORT:

Male den Schmetterling bunt aus.

Lösungswort: Schwalbenschwanz

Pralinenpracht

In der Pralinenschachtel liegen immer fünf Stück von jeder Sorte.
Nur von einer Sorte gibt es bloß ein Stück. Kreise das Einzelstück ein.

Kunterbunte Süßigkeiten

Welche Süßigkeiten isst du am liebsten? Kreuze an oder schreibe etwas auf.

SCHOKOLADE
- ○ Vollmilch
- ○ Nuss
- ○ Mandel
- ○ Joghurt
- ○ Erdbeer
- ○ Pfefferminz
- ○ Bitterschokolade
- ○ Crispy
- ○ Marzipan
- ○ _____
- ○ _____

- ○ Bonbons
- ○ Lutscher
- ○ Kaubonbons
- ○ Marshmallows
- ○ Lakritz
- ○ Weingummi
- ○ Saures Gummi
- ○ Nüsse
- ○ _____
- ○ _____

Lösung:

Das große Salatbüfett

Schnecken futtern für ihr Leben gern Gemüse. Walter, Wilma, Wilhelm und Walli haben jeweils ein anderes Lieblingsgemüse. Wer frisst welches?

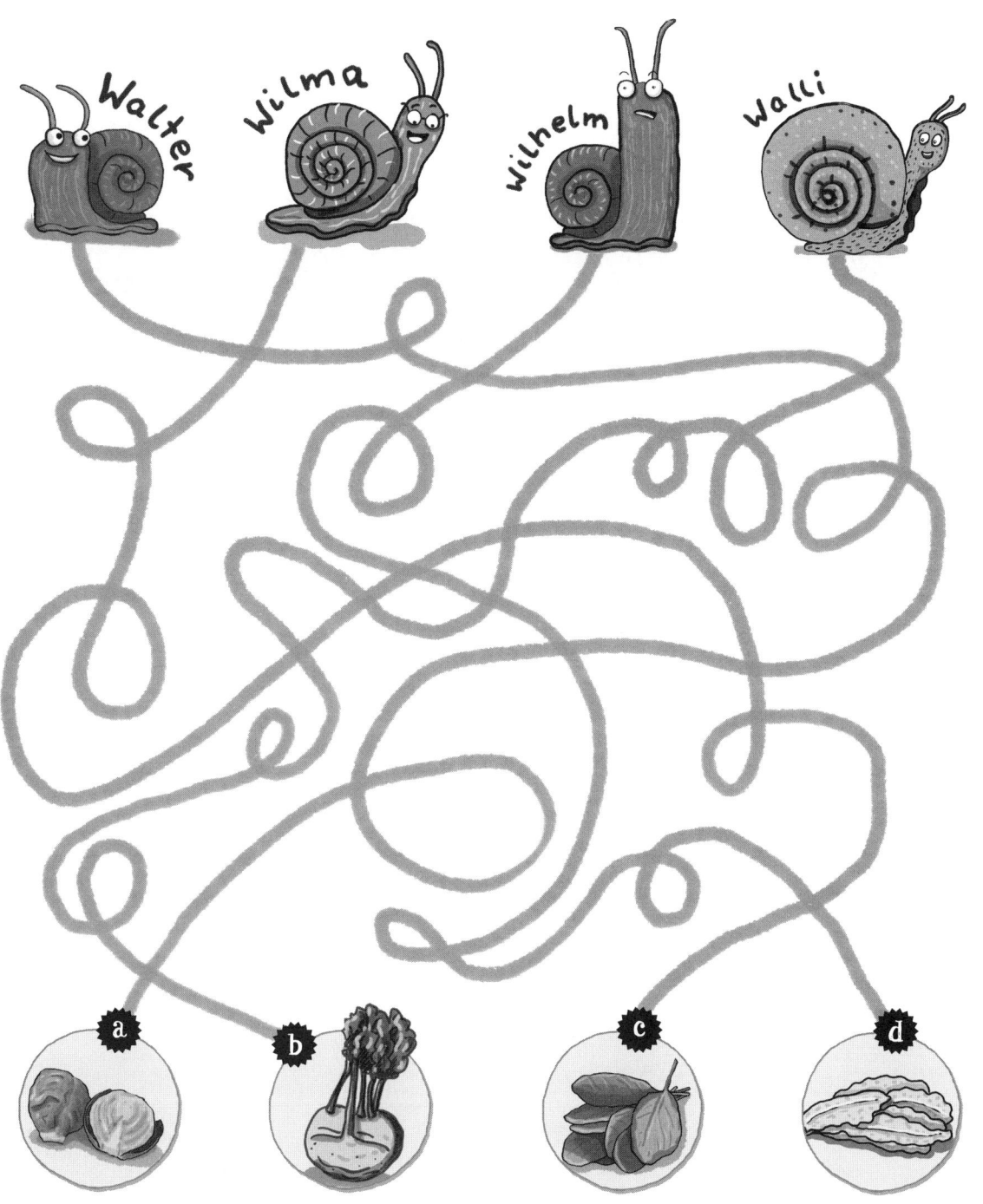

Welches Laub fällt nicht vom Baum?

Urlaub

Welcher Löwe ist ein Meisterschwimmer?

der Seelöwe

Welches Kätzchen ist kein Tier?

das Weidenkätzchen

Was ist beim Elefanten klein und beim Floh groß?

das „F"

Welche Rosen fahren zur See?

die Matrosen

Welche Bisse haben Kerne?

die Kürbisse

Was brennt den ganzen Tag, ohne selbst zu verbrennen?

die Brennnessel

Wer hat Flügel, aber keine Federn?

das Fenster

Welche Unken werden von der Polizei gejagt?

die Halunken

Natur-Scherzfragen

Lösung: Walter – a | Wilma – c | Wilhelm – d | Walli – b

Die Apfel-Zahlen-Pyramide

Jeder Apfel ist die Summe der beiden nebeneinanderliegenden darunter.
Ergänze die fehlenden Zahlen.

Male mehr Äpfel an den Baum.

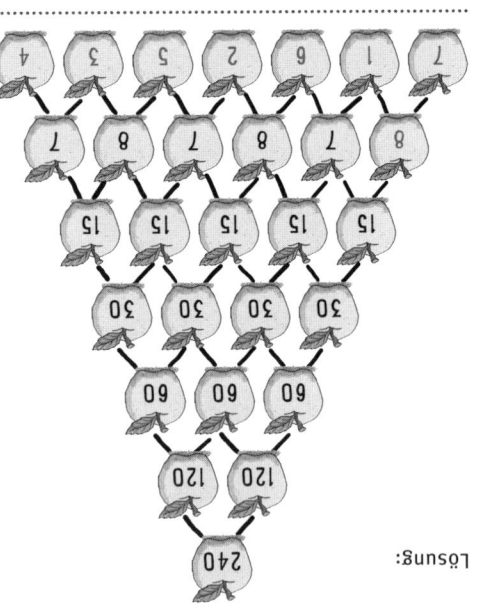

Lösung:

Wild und gefährlich

Schreibe die Namen der Tiere unter die Bilder und kreise die ein,
die ein Raubtier zeigen.

Male einen Storch in das Nest.

Lösung: **a. Eisbär** | b. Kaninchen | c. Frosch | **d. Löwe** | e. Walross | f. Pinguin | g. Schildkröte | **h. Leopard** | i. Schwan | j. Eichhörnchen | **k. Fuchs** | l. Hai

79

Glückskleeblätter

Wie viele Glückskleeblätter mit vier Blättern kannst du hier erkennen?
Male sie aus.

Glückssymbole

Die Buchstaben der Namen von Glückssymbolen sind durcheinandergeraten. Bringe sie in die richtige Reihenfolge.
Der erste Buchstabe ist immer fett markiert.

1 KARMEIFÄNER: _____

2 LEIGFENILZP: _____

3 FORNSTEGERSCHEIN: _____

4 FIESHEUN: _____

5 SCHÜCKSWIEGNL: _____

Drachenflug

Acht Kinder lassen ihren Drachen steigen. Aber welcher Drachen gehört zu welchem Kind? Zähle alle Zahlen im Drachen zusammen und ziehe dann jeweils eine Linie zum Kind mit der Zahl, die zum Ergebnis passt.

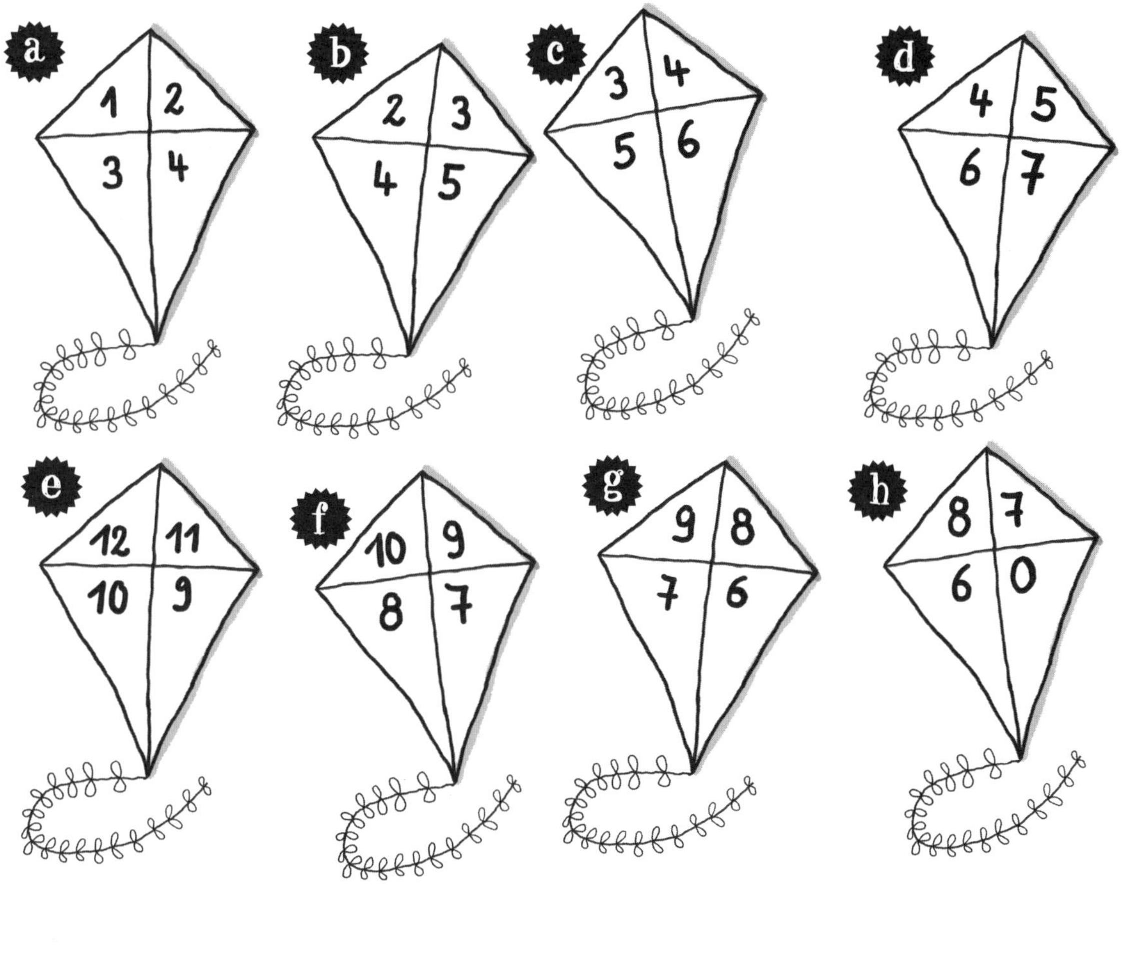

a 1 2 3 4

b 2 3 4 5

c 3 4 5 6

d 4 5 6 7

e 12 11 10 9

f 10 9 8 7

g 9 8 7 6

h 8 7 6 0

18   21   10   34   14   30   22   42

Male den Drachen des Kindes.

Lösung: a = 10 | b = 14 | c = 18 | d = 22 | e = 42 | f = 34 | g = 30 | h = 21

Auf dem Bauernhof

Die Buchstaben der Bauernhoftiere sind durcheinandergeraten.
Schreibe sie richtig auf. Die Anfangsbuchstaben sind immer großgeschrieben.

1 wienSch = _____

2 huK = _____

3 sanG = _____

4 tenE = _____

5 geiZe = _____

6 faSch = _____

7 drePf = _____

8 lEse = _____

9 nuHh = _____

10 duHn = _____

Male eins dieser Bauernhoftiere.

Lösung: 1. Schwein | 2. Kuh | 3. Gans | 4. Ente | 5. Ziege | 6. Schaf | 7. Pferd | 8. Esel | 9. Huhn | 10. Hund

Im Dunkeln

Gesucht wird ein Gegenstand, der beim Campen sehr praktisch ist.
In jedem Quadrat verrät dir eine Zahl, der wievielte Buchstabe des
gesuchten Tiernamens in das leere Kästchen darunter gehört. Dann setze
das Lösungswort aus den Buchstaben in Pfeilrichtung zusammen.

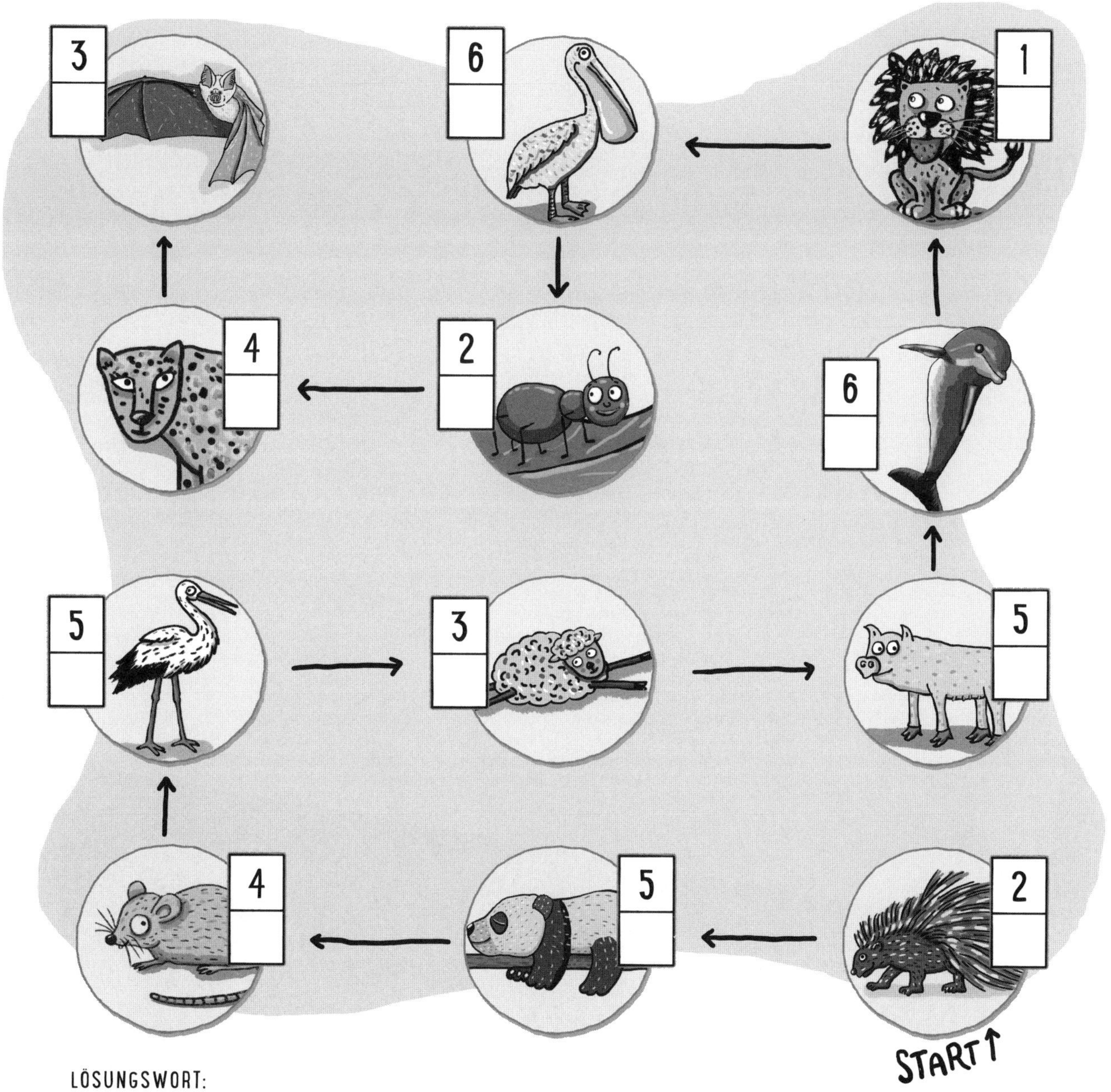

3

6

1

4

2

6

5

3

5

4

5

2

START ↑

LÖSUNGSWORT:

Was siehst du im Dunkeln mit deiner Taschenlampe?

Lösung: Taschenlampe

Auf Futtersuche

Reginald Rabe ist auf der Suche nach frischen Haselnüssen. Allerdings ist er wählerisch und knackt nur die, auf der eine Zahl aus der 8er-Reihe steht. Kreise diese Nüsse ein.

56 19 24

14 27 53

16 72 39 64 29

40 32 9 37

85 90 13 48 81

Lösung: 8 Walnüsse, 9 Haselnüsse, 5 Erdnüsse und 4 Mandeln

MANDELN: ——
ERDNÜSSE: ——
HASELNÜSSE: ——
WALNÜSSE: ——

Wie viele Nüsse von jeder Sorte kannst du zählen?

Viele Nüsse

Lösung: 16 | 24 | 32 | 40 | 48 | 56 | 64 | 72

Aus dem Kleiderschrank

Setze für die Zahlen die entsprechenden Buchstaben aus dem Alphabet ein, und du kannst die Namen von Kleidungsstücken lesen. Wenn du möchtest, kannst du das Zahlenalphabet vorn aus dem Block zu Hilfe nehmen.

a
19 20 18 9 3 11 16 21 12 12 15 22 5 18

b
8 15 19 5 14 1 14 26 21 7

c
19 20 18 21 13 16 6 8 15 19 5

d
23 9 14 20 5 18 13 1 14 20 5 12

e
21 14 20 5 18 23 27 19 3 8 5

f
19 15 13 13 5 18 11 12 5 9 4

Male ein Muster auf den Pullover.

Lösung: a. Strickpullover | b. Hosenanzug | c. Strumpfhose | d. Wintermantel | e. Unterwäsche | f. Sommerkleid

Eulenschatten

Eule Lisbeth kann ihren Schatten nie sehen, weil sie das Sonnenlicht verschläft und nur nachts aktiv ist. Kannst du erkennen, welcher Schatten genau zu Lisbeth gehört? Dann kreuze ihn an.

a
b
c
d
e
f

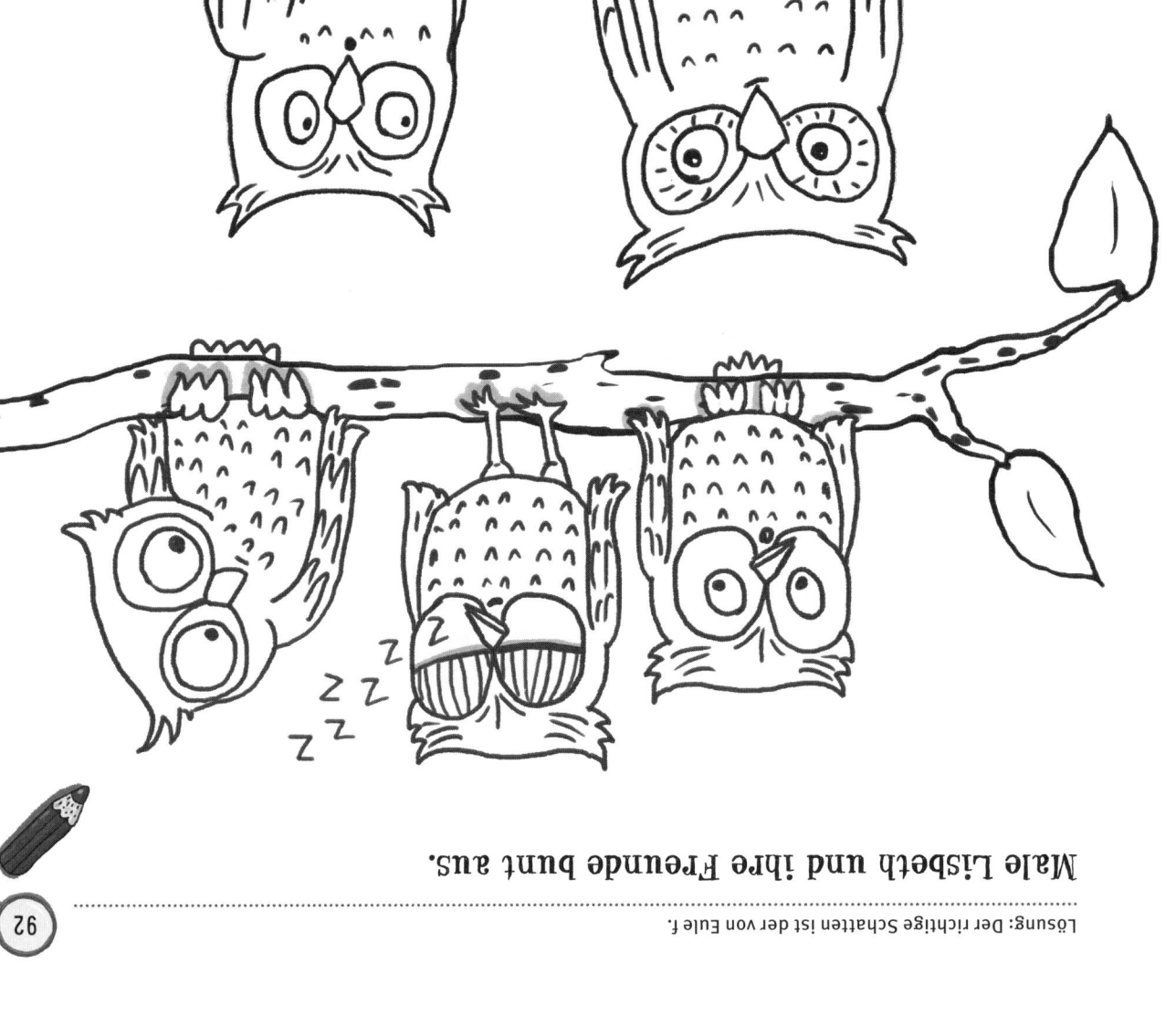

Male Lisbeth und ihre Freunde bunt aus.

Lösung: Der richtige Schatten ist der von Eule f.

Wo gehört die Zahl hin?

Schreibe die folgenden Zahlen ins Hunderterfeld. Wenn du nicht weiterweißt, kannst du die Seite ganz vorn im Block mit dem Hunderterfeld benutzen.

97 10 65 14 86   21 48 33   52   79

Male ein Muster in das Feld.

Lösung:

								97	
							86		
						79			
					65				
				52					
			48						
		33							
	21								
14									
10									

Gemischte Gefühle

Gesucht wird eine Zeit, der viele Kinder mit gemischten Gefühlen entgegensehen.
Schreibe die Anfangsbuchstaben der Bilder in Pfeilrichtung auf.

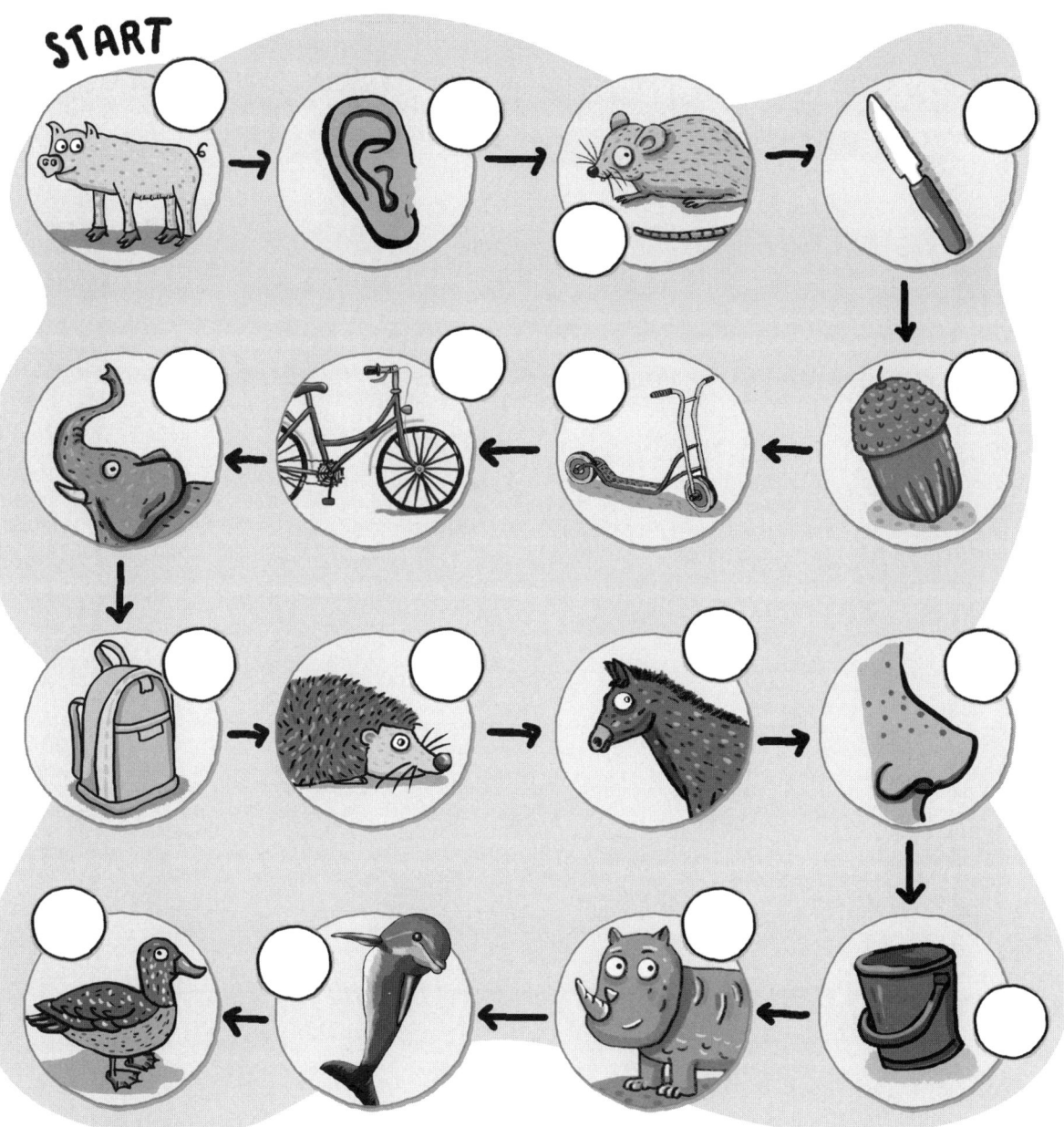

LÖSUNGSWORT:

Male etwas, was du siehst, wenn du aus dem Fenster schaust.

Lösung: Sommerferienende

Plus und mal

Immer eine Plus- und eine Malaufgabe haben dasselbe Ergebnis.
Verbinde diese mit einem Strich.

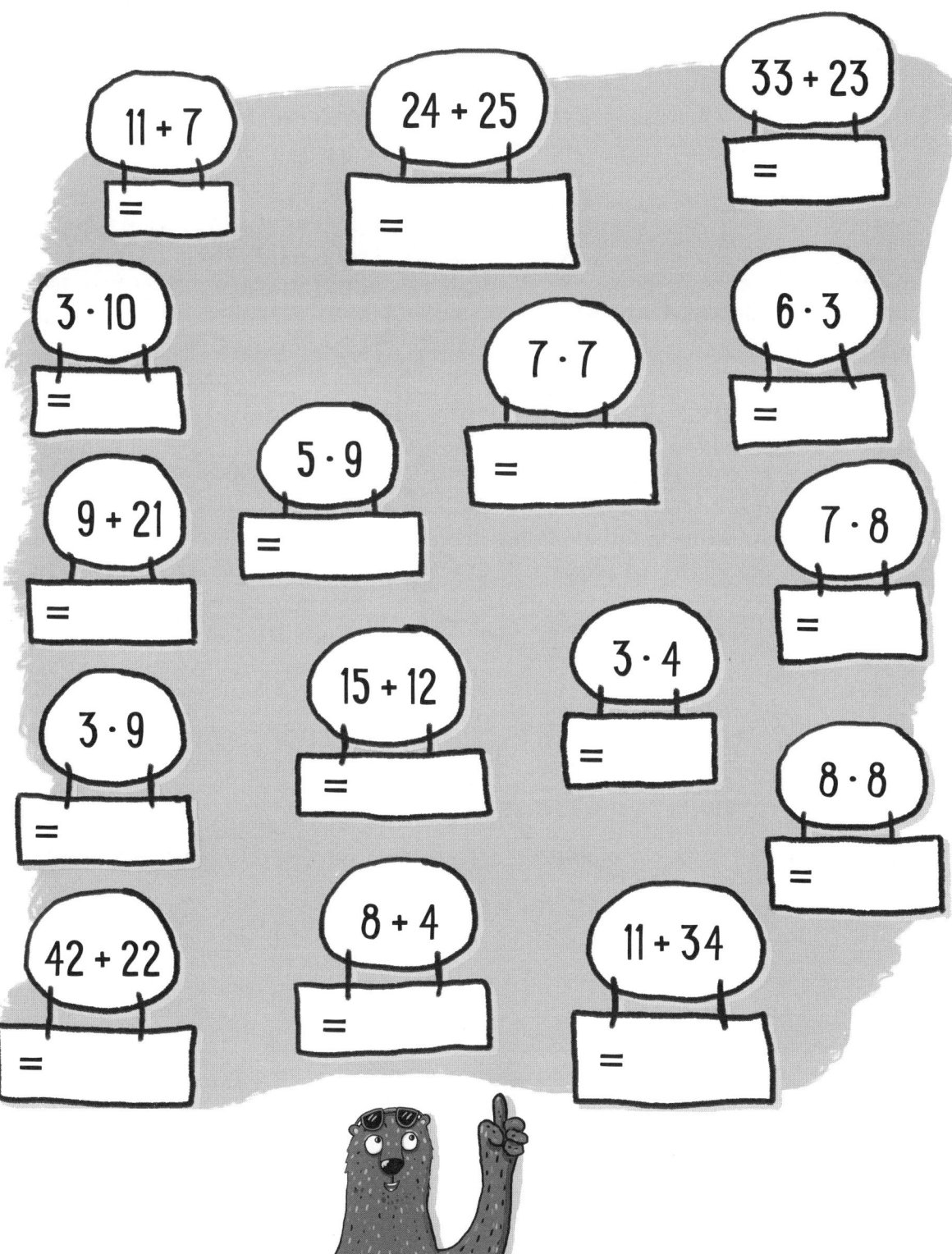

Mathewitze

Ein Kind braucht für den Schulweg fünf Minuten. Wie lange brauchen drei Freunde für denselben Weg? Antwort: 15 Minuten, weil sie sich so viel zu erzählen haben.

Der zerstreute Mathelehrer fragt: „Wo steckt denn mein Bleistift?" „Hinter Ihrem Ohr, Herr Lehrer!", antwortet Mäxchen hilfsbereit. Ungehalten entgegnet der Lehrer: „Immer diese ungenauen Antworten! Hinter welchem Ohr denn?"

Erstklässlerin Lotta erzählt zu Hause empört von der Schule: „Die Lehrerin weiß nie, was sie will. Heute meint sie, 2 und 3 sind 5. Gestern sagte sie, 1 und 4 sind 5. Die soll sich mal entscheiden!"

Der Pizzaverkäufer fragt Klein-Fritzchen: „Soll ich die Pizza in vier oder in acht Stücke schneiden?" Klein-Fritzchen antwortet: „Machen Sie vier Stücke, acht schaffe ich sowieso nicht!"

Ein Kreis ist eine geometrische Figur, bei der an allen Ecken und Enden gespart wurde.

Lösung: $12 = 8 + 4$ und $3 \cdot 4$
$18 = 11 + 7$ und $6 \cdot 3$
$27 = 15 + 12$ und $3 \cdot 9$
$30 = 9 + 21$ und $3 \cdot 10$
$45 = 11 + 34$ und $5 \cdot 9$
$49 = 24 + 25$ und $7 \cdot 7$
$56 = 33 + 23$ und $7 \cdot 8$
$64 = 42 + 22$ und $8 \cdot 8$

Im Meer

Verbinde jeweils zwei gleiche Formen zum Namen eines Meeresbewohners.

Male dem Fisch die Schuppen an und dann bunt aus.

Lösung: Drachenkopf | Feuerqualle | Kaiserschnapper | Katzenhai | Knurrhahn | Pyjamafisch | Schweinswal | Seestern | Taschenkrebs | Zackenbarsch

Richtig oder falsch?

Wie gut kennst du dich mit Tieren aus? Welche Aussage ist richtig und welche ist erlogen?

1 Rehe …
  ◯ a. … sind Wildtiere.   ◯ b. … kann man auch im Stall halten.

2 Die meisten Walarten sind …
  ◯ a. … Fleischfresser.   ◯ b. … Vegetarier.

3 Das größte Wasser-Raubtier ist der …
  ◯ a. … Pottwal.   ◯ b. … Eisbär.

4 Gemessen an der Körpergröße von Säugetieren hat der Koboldmaki …
  ◯ a. … die größten Augen.   ◯ b. … den längsten Hals.

5 Was haben Koalas und Kängurus gemeinsam?
  ◯ a. Sie können super klettern.   ◯ b. Sie sind beide Beuteltiere.

6 Von wem stammen Hunde ab?
  ◯ a. von Wölfen   ◯ b. von Löwen

7 Wo lebt ein Rotfuchs in der Regel?
  ◯ a. am Meer   ◯ b. im Wald

8 Meerschweinchen …
  ◯ a. … leben in Südamerika.   ◯ b. … stammen aus Grönland.

9 Was fressen Erdmännchen am liebsten?
  ◯ a. Quallen   ◯ b. Insekten

10 Was ist die Besonderheit der Chamäleons?
  ◯ a. Sie haben 4 Augen.   ◯ b. Sie können ihre Farbe wechseln.

Lösung: 1a | 2b | 3a | 4a | 5b | 6a | 7b | 8a | 9b | 10b

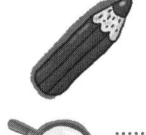

Male ein farbenfrohes Chamäleon.

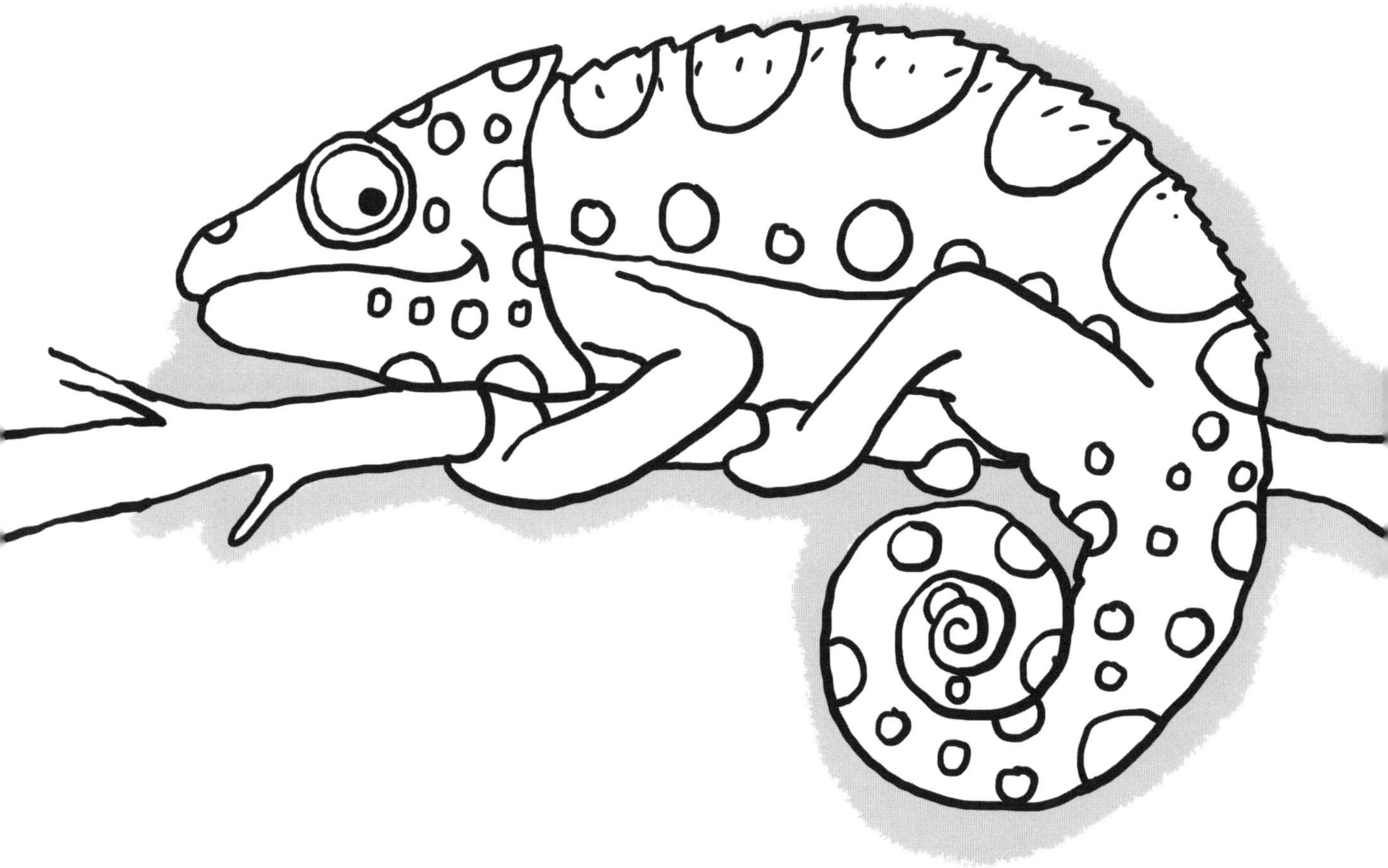

Gerade oder ungerade

Male alle Tulpen rot aus, die ein gerades Ergebnis haben, und alle Tulpen gelb aus, deren Ergebnis ungerade ist. Wie viele Tulpen hast du von jeder Sorte?

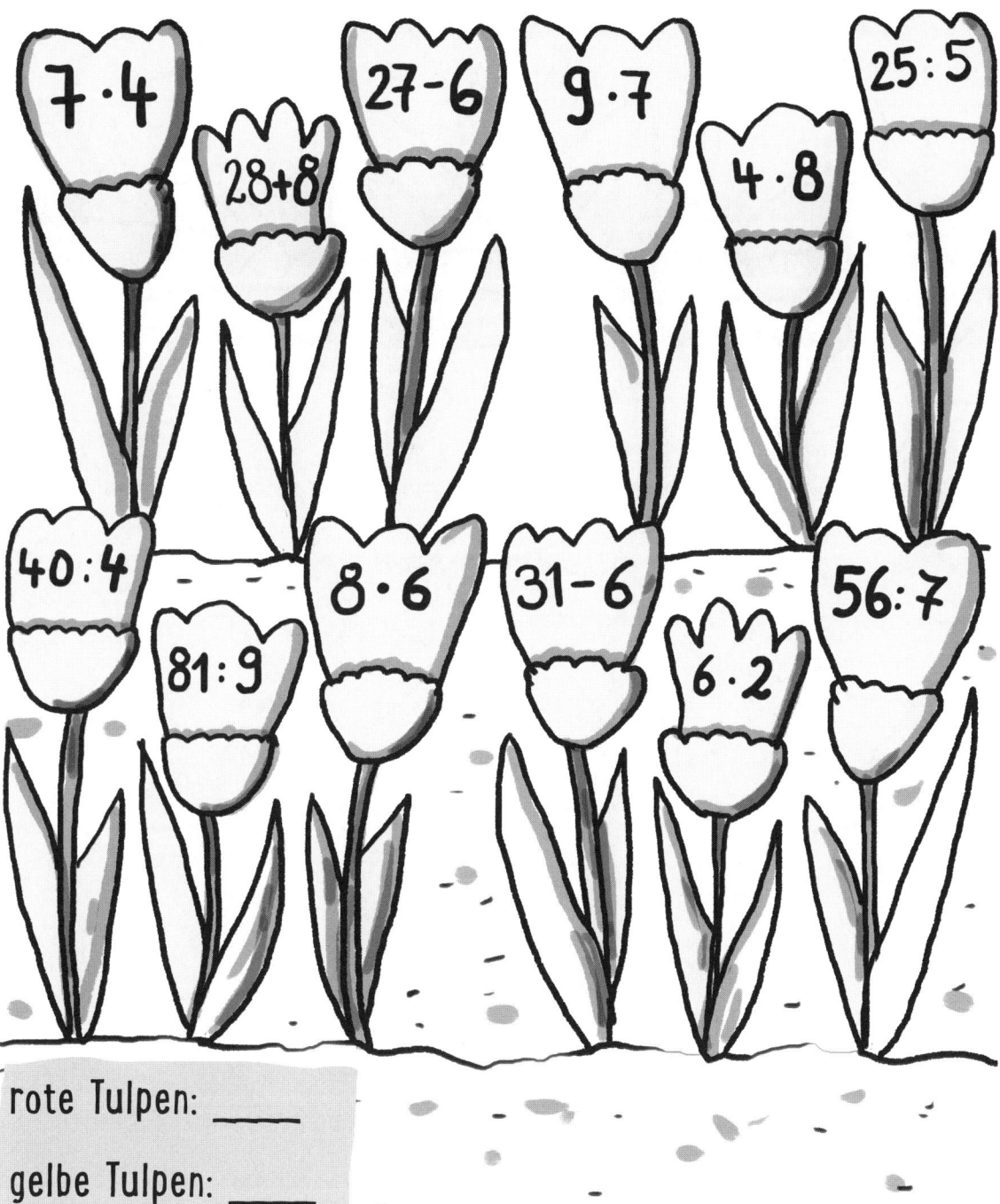

rote Tulpen: _____

gelbe Tulpen: _____

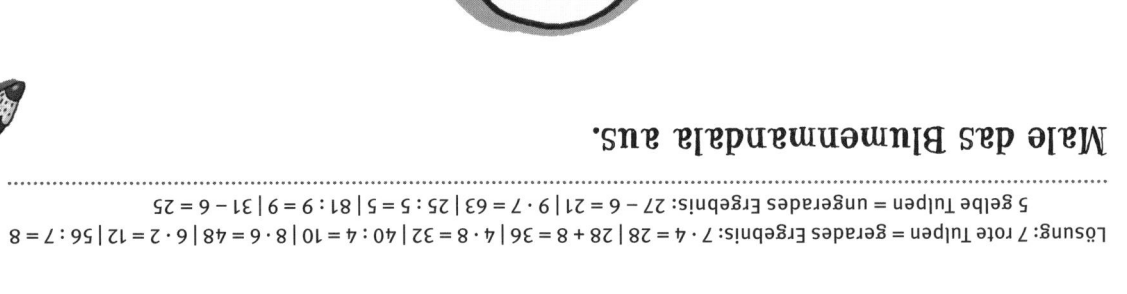

Male das Blumenmandala aus.

Lösung: 7 rote Tulpen = gerades Ergebnis: $7 \cdot 4 = 28 \mid 28 + 8 = 36 \mid 4 \cdot 8 = 32 \mid 40 : 4 = 10 \mid 8 \cdot 6 = 48 \mid 6 \cdot 2 = 12 \mid 56 : 7 = 8$

5 gelbe Tulpen = ungerades Ergebnis: $27 - 6 = 21 \mid 9 \cdot 7 = 63 \mid 25 : 5 = 5 \mid 81 : 9 = 9 \mid 31 - 6 = 25$

Immer zwei Gleiche

Immer zwei Ostereier sehen gleich aus. Ein Ei bleibt übrig. Kreise es ein.

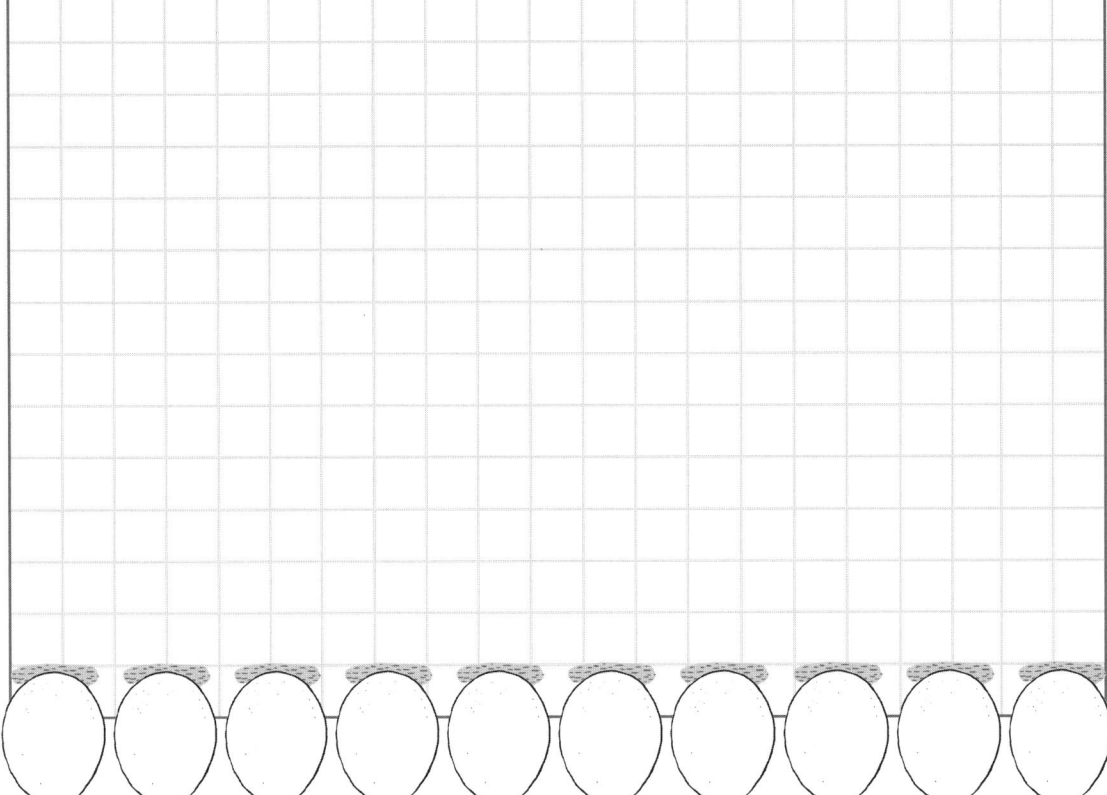

Wie viele Eier bleiben im Kühlschrank übrig?

Aus vier Eiern machst du Rührei.

Du hast zehn Eier im Kühlschrank. Zwei fallen dir runter.

Die Eierfrage

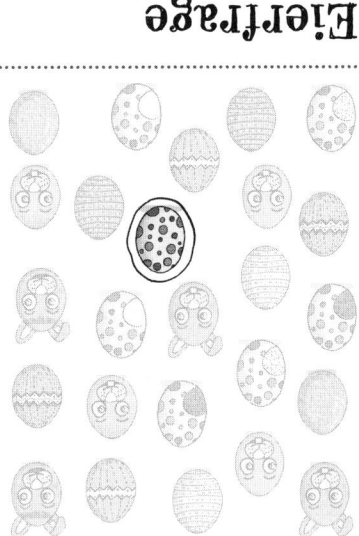

Lösung:

Mit oder ohne h

Schreibe die Bedeutung der Bilder in die richtige Spalte.

mit h in der Mitte	ohne h in der Mitte

 **Male dem König eine Krone.**

mit h in der Mitte	ohne h in der Mitte
Hahn	Herz
Föhn	Blume
Kühlschrank	Hose
Stuhl	Krone
Blumenkohl	Zelt

Lösung:

Naschkatze

Die Naschkatze hat sich einen Vorrat angelegt. Im linken Kästchen siehst du ihren Vorrat, bevor sie genascht hat. Im letzten Kästchen liegt das, was sie übrig gelassen hat. Trage in das mittlere Kästchen die Zahl der Leckereien ein, die sie heute schon gefuttert hat.

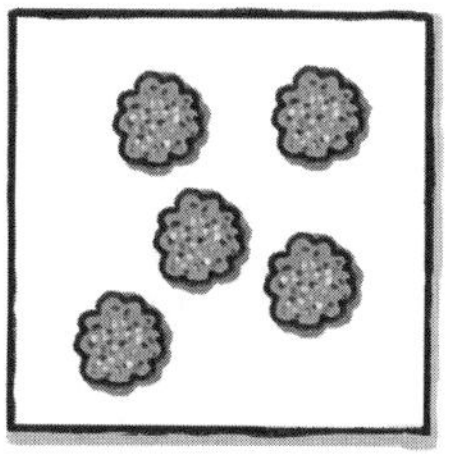

Male alle Süßigkeiten bunt aus.

Lösung: 8 − 6 = 4 | b. 12 − 5 = 7 | c. 11 − 6 = 5 | d. 8 − 3 = 5

Wie ist was?

Welches Wiewort passt sinnvoll zum Anfang des Satzes?
Male den Kasten mit dem richtigen Wort farbig an.

	stumpf	kalt	kurz
1 Das Wasser ist	stumpf	kalt	kurz
2 Der Pullover ist	warm	lustig	schräg
3 Abends bin ich sehr	hell	tief	müde
4 Die Suppe ist zu	heiß	hell	albern
5 Die Hose ist zu	eng	arm	traurig
6 Pfeffer ist sehr	süß	salzig	scharf
7 Ein Kreis ist	eckig	rund	spitz
8 Die Regenstiefel sind	nass	wach	flach
9 Der Löwe ist	sauber	gefährlich	grün
10 Das Herbstlaub ist	schwarz	weiß	bunt
11 Die Nüsse sind	knackig	weich	heiß
12 Das Meer ist	klein	reich	salzig
13 Die Lampe leuchtet	hell	viel	wenig
14 Mein Großvater ist	kurz	flach	alt
15 Der See ist	viereckig	tief	hoch

Suche dir 8 Wiewörter aus der Lösung aus und
schreibe damit jeweils einen Satz.

❽ _____

❼ _____

❻ _____

❺ _____

❹ _____

❸ _____

❷ _____

❶ _____

Lösung: 1. kalt | 2. warm | 3. müde | 4. heiß | 5. eng | 6. scharf | 7. rund | 8. nass | 9. gefährlich | 10. bunt | 11. knackig |
12. salzig | 13. hell | 14. alt | 15. tief

Langeweile unerwünscht

Wie nennt man Ferien, die voller unerwarteter oder auch geplanter Erlebnisse sind? Löse das Bilderrätsel.

  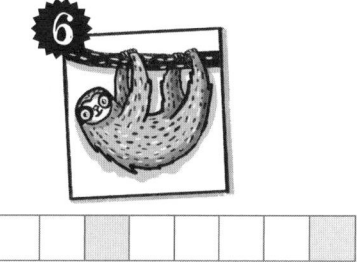

LÖSUNGSWORT:

Wie sehen deine Traumferien aus?

Kreuze Begriffe an oder schreibe welche dazu.

WANDERN

EISENBAHN

KANU

ZELT

FLUGZEUG

SEE

WALD

STÄDTETRIP

HOTEL

RADFAHREN

MEER

HAUSBOOT

CHILLEN

AUTO

BAUERNHOF

WOHNWAGEN

SCHLOSS

KLETTERN

BERGE

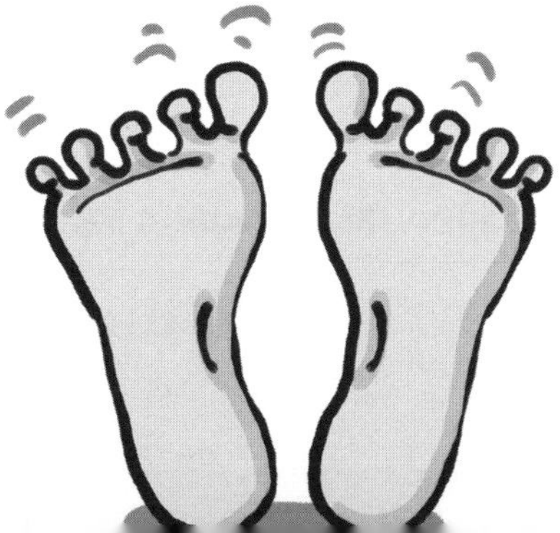

Strumpfpaar

Hier haben sich nur zwei gleiche Strümpfe versteckt.
Kannst du das Paar erkennen?

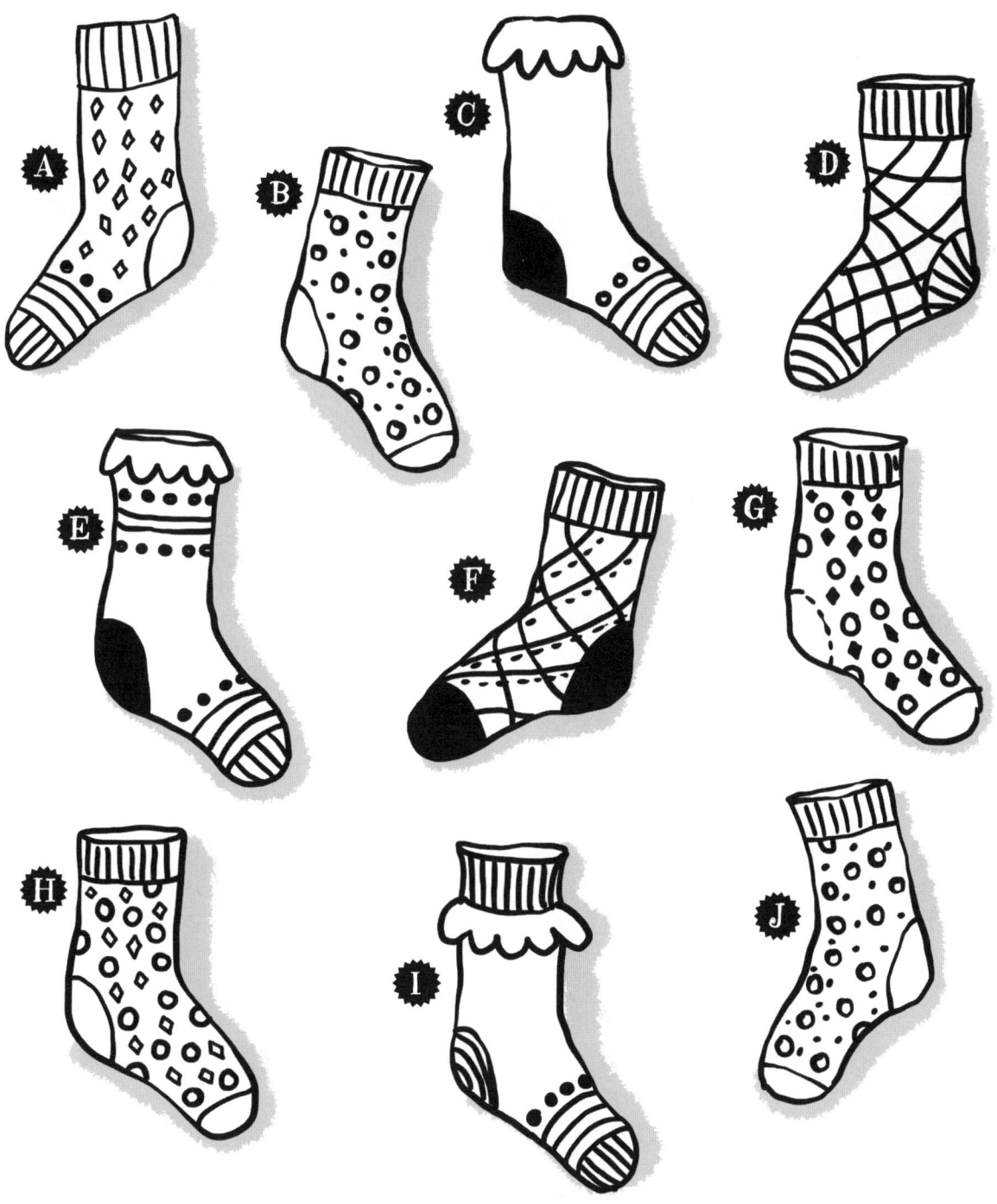

Male auf die Strümpfe ein lustiges Muster!

Lösung: Die Strümpfe B und J sind ein Paar.

Mach die Probe!

Rechne die Aufgaben und mach die Probe, ob du richtig gerechnet hast.

17	+	14	=	31		31	−	14	=	17
8	+	73	=				−		=	
67	+	9	=				−		=	
82	+	13	=				−		=	
95	+	15	=				−		=	
16	+	18	=				−		=	
33	+	44	=				−		=	
89	+	16	=				−		=	
47	+	7	=				−		=	
51	+	21	=				−		=	

Lösung:

17	+	14	=	31		31	–	14	=	17
8	+	73	=	81		81	–	73	=	8
67	+	9	=	76		76	–	9	=	67
82	+	13	=	95		95	–	13	=	82
95	+	15	=	110		110	–	15	=	95
16	+	18	=	34		34	–	18	=	16
33	+	44	=	77		77	–	44	=	33
89	+	16	=	105		105	–	16	=	89
47	+	7	=	54		54	–	7	=	47
51	+	21	=	72		72	–	21	=	51

Schreibe die Geburtstage deiner Familie und
deiner Freunde auf.

NAME	GEBURTSTAG

Sieben auf einen Streich

Umkreise immer sieben Mücken! Wie viele bleiben übrig?

Von Stroh und Gold

Nach welchem garstigen Gesellen wurde ein Märchen der Brüder Grimm benannt? Schreibe die Antworten auf die Fragen in die entsprechenden Felder auf der nächsten Seite. Die markierte Spalte verrät dir das Lösungswort.

1. Geldwährung in Deutschland

2. Ein Hängesitz, der sich hin und her bewegt

3. Lautes Schlaginstrument mit zwei Stöcken

4. Gelbes, grünes, rotes oder oranges Gemüse, das man roh oder gekocht essen kann

5. Blechblasinstrument

6. Essbare oder ungenießbare Früchte des Waldes, die meist am Boden oder an Baumstämmen wachsen

7. Gegenstand zum Auftragen von Farbe

8. Möbel, in dem man schläft

9. Flugunfähiger Vogel am Südpol

10. Anderes Wort für Abfall

11. Kleidungsstück, das man sich umbindet, um sich z. B. in der Küche vor Schmutz zu schützen

12. Umfangreiche Sammlung von Kostbarkeiten, die oft versteckt und später gefunden wird

13. Großes Waldtier mit Geweih

14. Niederschlag in Form von Flocken

15. Männliches Kind

Von Stroh und Gold

1.
2.
3.
4.
5.
6.
7.
8.
9.
10.
11.
12.
13.
14.
15.

Lösung:

	E	U	R	O		
S	C	H	A	U	K	E	L

EURO

SCHAUKEL

TROMMEL

PAPRIKA

TROMPETE

PILZE

PINSEL

BETT

PINGUIN

MÜLL

SCHÜRZE

SCHATZ

HIRSCH

SCHNEE

JUNGE

Male einen ganz garstigen Kerl.

Schlüsselbund

Opa Wilhelm hat alle
Schlüssel für Haus und
Werkstatt an seinem
Schlüsselbund.

Welcher der vier Schlüssel am Brett sieht genauso aus wie ein Schlüssel
an Opas Schlüsselbund? Kreuze an.

Antworten:
1. Sie sind leicht zu durchschauen | 2. Mai, weil er nur drei Buchstaben hat | 3. eine Biene, die rückwärts fliegt |
4. weil er nachts zu wenig schläft | 5. Sie treffen sich an einer Ecke | 6. ein Stinkekäse | 7. zwei Enten | 8. die Briefmarke

Scherzfragen

1 Wieso können Skelette so schlecht lügen?

2 Wie heißt der kürzeste Monat?

3 Was ist schwarz-gelb gestreift, fliegt und macht dabei „mus-mus"?

4 Warum ist der Mond so blass?

5 Was machen zwei verliebte Mauern?

6 Wer kann ohne Nase riechen?

7 Was schwimmt auf dem See und fängt mit Z an?

8 Was klebt still in seiner Ecke und reist doch um die ganze Welt?

Lösung:

Für Märchenkenner

Finde in diesem Buchstabengitter 14 Märchenfiguren.

Q	W	E	S	E	R	Z	G	Ä	N	S	E	M	A	G	D
R	K	S	C	H	N	E	E	W	I	T	T	C	H	E	N
A	S	C	H	E	N	P	U	T	T	E	L	J	G	F	D
P	C	V	N	M	N	D	F	R	O	S	E	N	R	O	T
U	C	B	E	B	V	O	D	K	L	Ö	R	C	F	G	H
N	F	G	E	C	X	R	S	Ö	K	H	O	G	B	C	F
Z	S	Y	W	Y	A	N	A	G	R	E	T	E	L	S	R
E	H	Q	E	Ä	H	R	W	I	U	Z	K	Ä	G	Y	O
L	Ä	W	I	G	H	Ö	C	T	R	E	Ä	P	O	P	S
J	N	E	ß	T	N	S	V	W	Q	A	P	O	L	O	C
K	S	R	C	M	Ű	C	B	S	D	F	P	I	D	I	H
L	E	T	H	X	W	H	N	Y	X	N	C	K	M	U	K
A	L	L	E	R	L	E	I	R	A	U	H	H	A	Z	Ö
A	S	D	N	V	G	N	K	I	U	Z	E	N	R	T	N
L	K	J	H	G	B	N	F	C	D	Ä	N	M	I	E	I
S	T	E	R	N	T	A	L	E	R	Ö	L	B	E	W	G

Q	W	E	S	E	R	Z	G	Ä	N	S	E	M	A	G	D
R	K	S	C	H	N	E	E	W	I	T	T	C	H	E	N
A	S	C	H	E	N	P	U	T	T	E	L	J	G	F	D
P	C	V	N	M	D	F	R	O	S	E	N	R	O	T	
U	C	B	E	B	Y	O	D	K	L	Ö	R	C	F	G	H
N	F	G	E	C	X	R	S	O	K	H	O	G	B	L	F
Z	S	Y	W	Y	A	N	A	G	R	E	T	E	L	S	R
E	H	Q	E	A	H	R	W	I	U	Z	K	A	G	Y	O
L	Ä	W	I	G	H	Ö	C	T	R	E	Ä	P	O	P	S
J	N	E	B	I	N	S	Y	W	Q	A	P	O	L	C	C
K	S	R	C	M	Ü	C	B	S	D	F	P	I	D	I	H
I	E	T	H	X	W	H	N	Y	X	N	C	K	M	U	K
A	L	L	E	R	L	E	I	R	A	U	H	N	A	Z	Ö
A	S	D	N	Y	G	N	K	I	U	Z	E	N	R	N	
L	K	J	H	G	B	N	T	C	D	A	N	M	I	E	I
S	T	E	R	N	T	A	L	E	R	C	I	D	E	W	G

Male viele Sterne in den Himmel.

Zahlenhäuser

Schreibe in jede Spalte die Zahl, die zusammen mit der anderen das genannte Ergebnis im Hausdach ergibt.

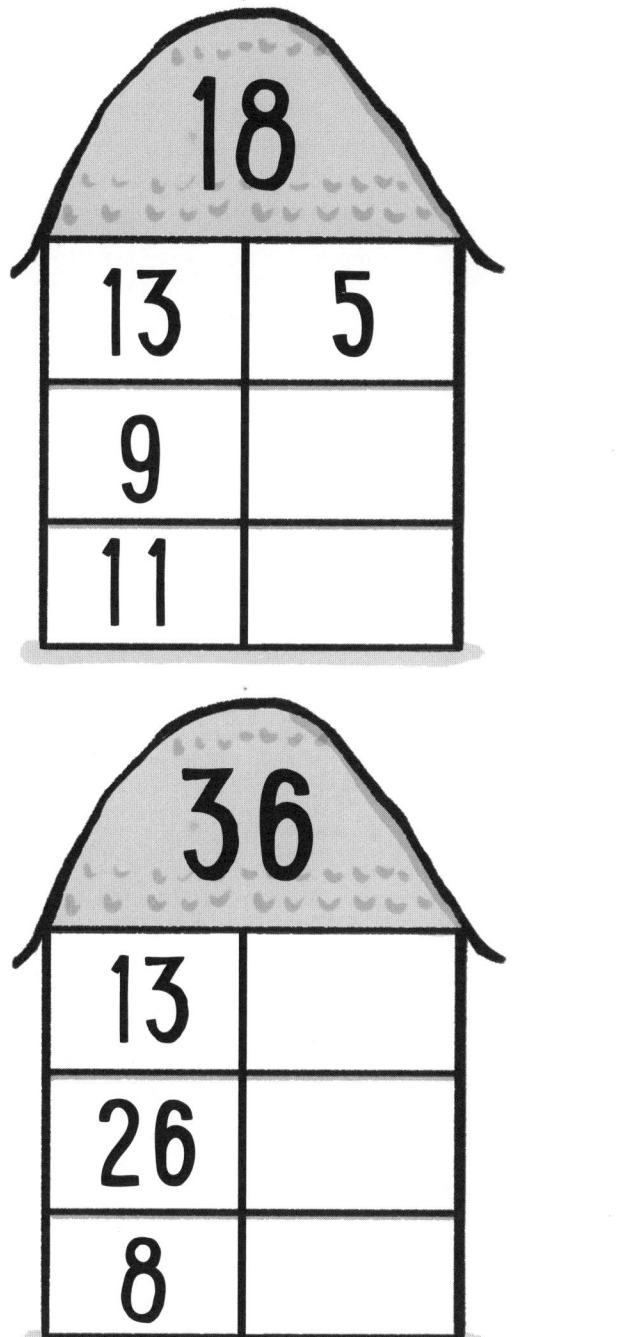

Male das Haus vom Nikolaus nach.

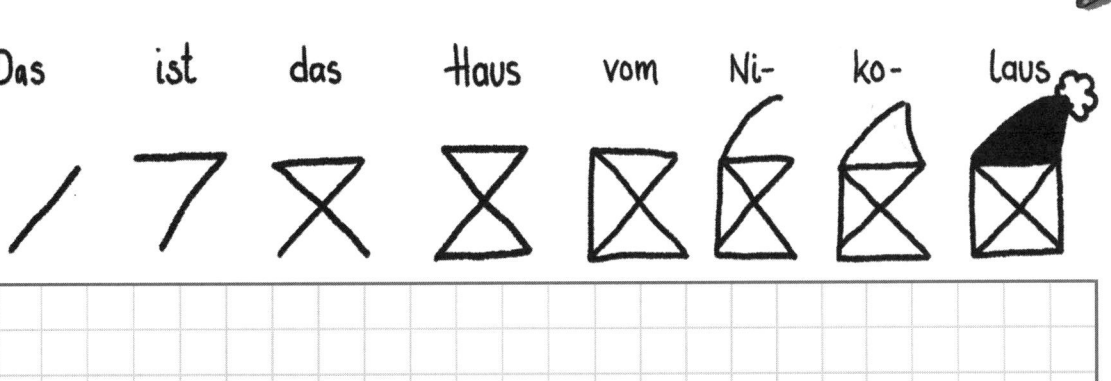

Wortstücke

Verbinde immer zwei Wortteile miteinander, die zusammen ein sinnvolles Wort ergeben.

Auto

schein

Burg

tür

block

Haus

Kuchen

Geld

fahrt

ferien

stich

Rätsel

Sommer

Sonnen

übergabe

turm

Tier

park

stück

Zeugnis

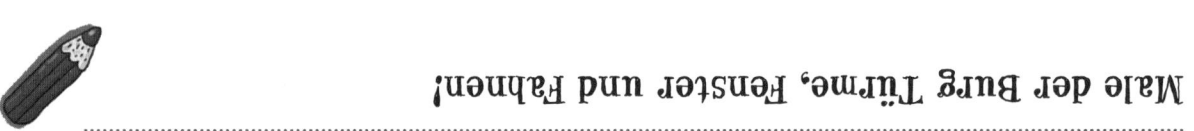

Lösung: Autofahrt | Burgturm | Geldschein | Haustür | Kuchenstück | Rätselblock | Sommerferien | Sonnenstich | Tierpark | Zeugnisübergabe

Male der Burg Türme, Fenster und Fahnen!

Wortschlangen für Anfänger

Verbinde die Buchstaben durch Pfeile und schreibe jedes Wort auf die Linie darunter. Die Lösungen erfährst du auf Seite 134.

Beispiel:

N ← H
Z → A

= **Z A H N**

1.

H   S
A   U

_____

2.

A   L
U   B

_____

3.

H   B
C   U

_____

4.

A   U
B   M

_____

5.

E   R
S   O

_____

6.

T   T
E   B

_____

7.

T   H
U   C

_____

8.

Z   A
N   U

_____

Wortschlangen für Könner

TIPP:
Jeder Anfangsbuchstabe
ist fett hervorgehoben.

132

Verbinde die Buchstaben durch Pfeile und schreibe jedes Wort auf die Linie darunter.
Die Lösungen erfährst du auf Seite 134.

9.

R	L	E
Ä	T	S

_____

10.

N	B	A
O	K	L

_____

11.

D		E
K		C
E		L

_____

12.

E		N
M		B
U		L

_____

13.

I	H	H
R	S	C

_____

14.

C	H	E
U	K	N

_____

15.

G		E
E		I
F		L

_____

16.

E		L
I		L
R		B

_____

17.

R	L	E
E	L	T

_____

Oh!

Wortschlangen für echte Rätselfüchse

Verbinde die Buchstaben durch Pfeile und schreibe jedes Wort
auf die Linie darunter. Die Lösungen erfährst du auf Seite 134.

TIPP:
Jeder Anfangsbuchstabe
ist fett hervorgehoben.

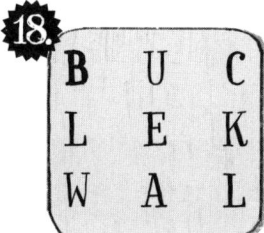

18.

B	U	C
L	E	K
W	A	L

_____

19.

T	E	U
N	R	E
E	B	**A**

_____

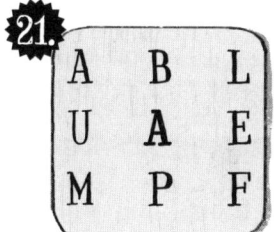

20.

U	H	**S**
H	F	U
N	P	M

_____

21.

A	**B**	L
U	**A**	E
M	P	F

_____

22.

E	F	T
H	L	U
S	C	H

_____

23.

A	U	E
L	T	N
B	A	N

_____

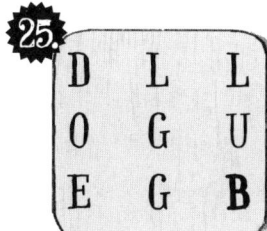

24.

G	O	L
C	S	D
H	I	F

_____

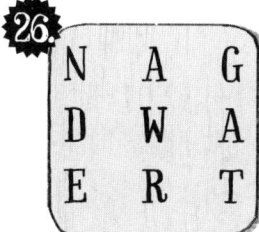

25.

D	L	L
O	G	U
E	G	**B**

_____

26.

N	A	G
D	**W**	A
E	R	T

_____

Lösungen für
die Seiten 131–133:

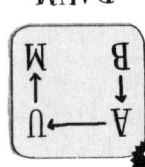

HAUS (1)

LAUB (2)

BUCH (3)

BAUM (4)

ROSE (5)

BETT (6)

TUCH (7)

ZAUN (8)

RÄTSEL (9)

BALKON (10)

DECKEL (11)

BLUMEN (12)

HIRSCH (13)

KUCHEN (14)

FLIEGE (15)

BRILLE (16)

TELLER (17)

BUCKELWAL (18)

ABENTEUER (19)

SUMPFHUHN (20)

APFELBAUM (21)

SCHULHEFT (22)

BLAUTANNE (23)

GOLDFISCH (24)

BULLDOGGE (25)

WANDERTAG (26)

Im Streichelzoo

Im Streichelzoo leben ganz viele Tiere:
8 Ziegen, 4 Schafe, 2 Ponys, 3 Lamas, 5 Hängebauchschweine,
6 Alpakas und ein Esel.
Wie viele Beine haben alle Tiere zusammen?

Male dem Schaf ganz viel Wolle an.

Lösung: 32 + 16 + 8 + 12 + 20 + 24 + 4 = 116 Beine

Naturquiz — 1. Teil

Kreuze an.

1 Seepferdchen sind …

○ a. Fische.

○ b. Muscheln.

○ c. Steine.

2 Was sind Muschelperlen?

○ a. Edelsteine, die Seeräuber früher in den Muscheln versteckten.

○ b. Sandkörner, die in langer Zeit von den Muscheln mit vielen Schichten Perlmutt umgeben werden.

○ c. Das Herz der Muschel.

3 Was können Fledermäuse nicht?

○ a. schlafen

○ b. laufen

○ c. sehen

4 Zugvögel sind Vögel, die …

○ a. auf Zügen mitfahren.

○ b. ständig in neue Nester umziehen.

○ c. im Winter in den Süden fliegen.

5 Der Pfau schlägt ein Rad, um …

○ a. einem Weibchen zu gefallen.

○ b. Staub und Schmutz abzuwehren.

○ c. sich vor Nestdieben zu schützen.

6 Warum haben Flamingos rosa Federn?

○ a. Sie trinken zu viel Himbeerbrause.

○ b. In den Krebsen, die Flamingos fressen, ist ein Farbstoff, der das Federkleid rosa färbt.

○ c. Sie reiben sich an rosa Pflanzen.

Male den Pfau bunt aus.

Gerecht teilen!

Löse die Rechenaufgaben.

a Im Wald haben Hannes und seine 4 Freunde 45 Pilze gesammelt.
Wie viele bekommt jeder?

___ : ___ = ___

b Oma Gertrud hat eine Torte mit 12 Stücken gebacken und ihre
3 besten Freundinnen eingeladen. Wie viele Stücke könnte jede essen?

___ : ___ = ___

c Die Floristin Rosenfein soll 4 Sträuße mit gleich vielen
Blumen binden und hat 48 Blumen zur Verfügung.
Wie viele Blumen sind in jedem Strauß?

___ : ___ = ___

d Die Theatergruppe – bestehend aus 8 Kindern – soll ein Buch
mit 64 Seiten lesen. Jedes Kind soll gleich viele Seiten lesen.
Wie viele Seiten sind das für jedes Kind?

___ : ___ = ___

e Ein Pianist spielt einen Song mit 10 Strophen in 5 Minuten.
Wie viele Minuten brauchen dann 5 Pianisten für dieses Stück?

Male die Kreise bunt aus.

Lösung: a. 9 | b. 3 | c. 12 | d. 8 | e. Das ist eine Scherzfrage: Fünf Pianisten brauchen genauso lange zum Spielen des Stücks wie einer.

Lieblingstiere

Mia, Max, Malte und Mariam machen einen Ausflug in den Zoo,
um ihre Lieblingstiere zu besuchen. Folge den Fäden und finde heraus,
wer welches Tier am liebsten hat.

Lösung: Mia – Krokodil | Max – Löwe | Malte – Affe | Mariam – Elefant

Welche Tiere magst du besonders gern?

1

2

3

4

5

6

7

8

9

10

Vogelheimat

Schreibe die Namen der Vögel unter das jeweilige Bild und verbinde dann immer einen Vogel mit dem Ort, wo er sich am liebsten aufhält.

1 _____ **2** _____ **3** _____

EISSCHOLLE   GEBIRGE   HAUSDACH   MEER   REGENWALD   SEE

4 _____ **5** _____ **6** _____

Male ein Schiff und Möwen auf das Meer.

Lösung: 1. Möwe – Meer | 2. Adler – Gebirge | 3. Storch – Hausdach | 4. Schwan – See | 5. Papagei – Regenwald |
6. Pinguin – Eisscholle

Von Weitem sichtbar

Wie nennt man die Lichtsignale in der Seefahrt, die, von Weitem sichtbar, den Schiffen eine Orientierung auf ihrer Fahrt geben?
Schreibe die Anfangsbuchstaben der Bilder in Pfeilrichtung auf.

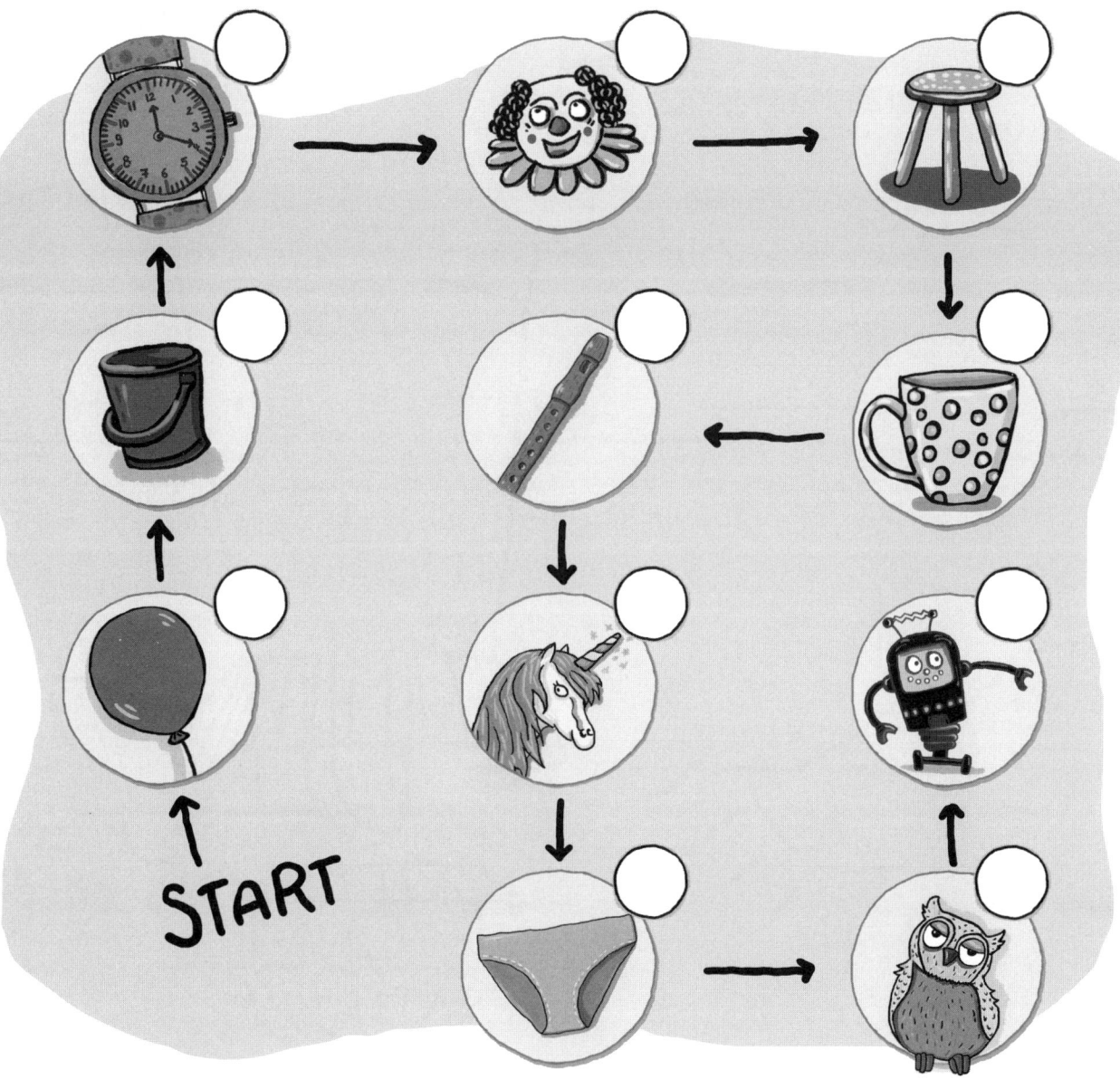

LÖSUNGSWORT:

Male das Bild bunt aus.

Marienkäfer

Zähle die Punkte der Marienkäfer! Wie viele sind es insgesamt?

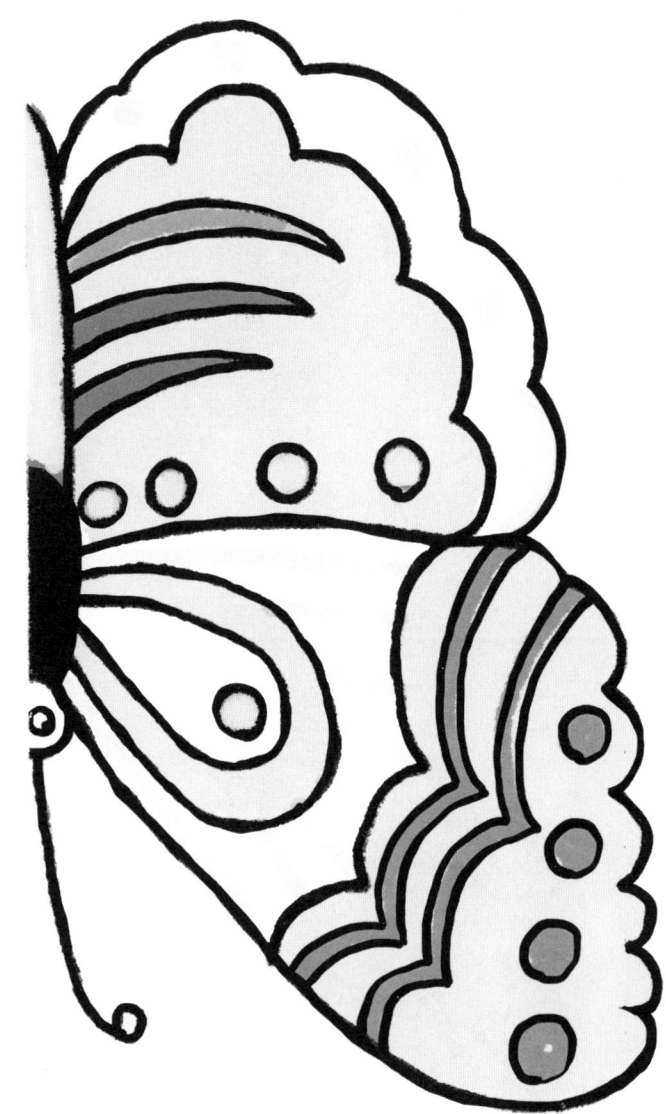

Zeichne die andere Hälfte des Schmetterlings
genauso wie die linke und male ihn bunt aus!

Lösung: 52 + 33 + 48 + 41 = 174

An Land und im Wasser

Wie heißt eine ungiftige Schlangenart, die an Land und in Flüssen unterwegs ist und durch die zunehmende Wasserverschmutzung bei uns in Deutschland vom Aussterben bedroht ist? Schreibe jeden dritten Buchstaben auf und beginne am Kopf der Schlange.

Lösung: Würfelnatter

Muster malen

Male die Muster genau so weiter, wie sie angefangen haben!

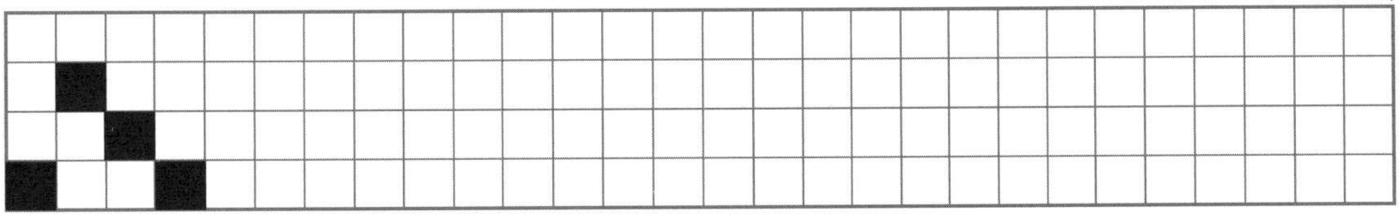

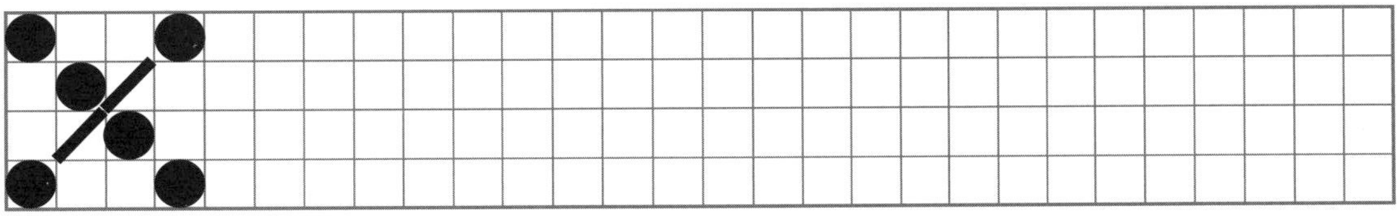

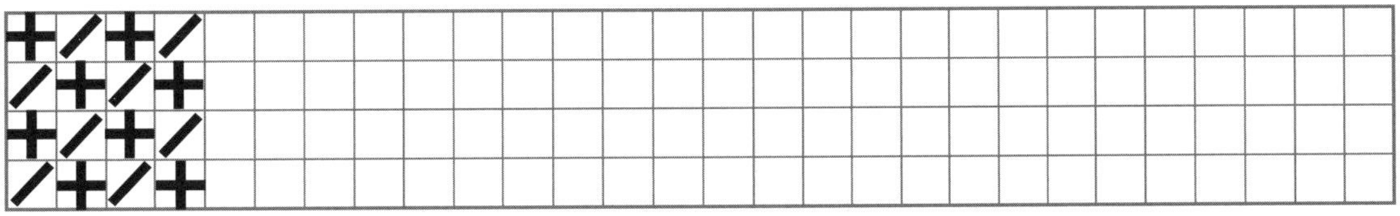

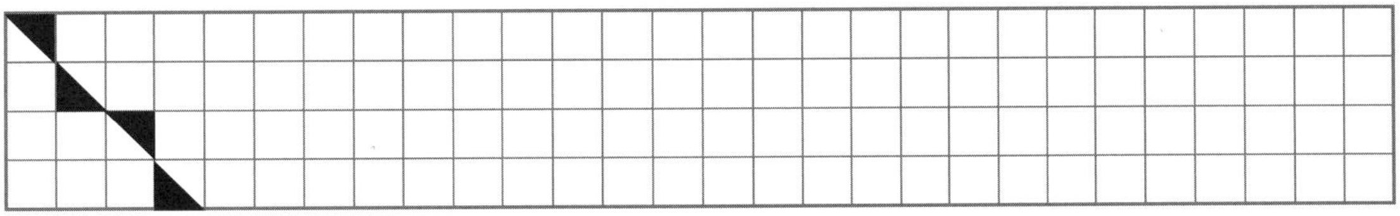

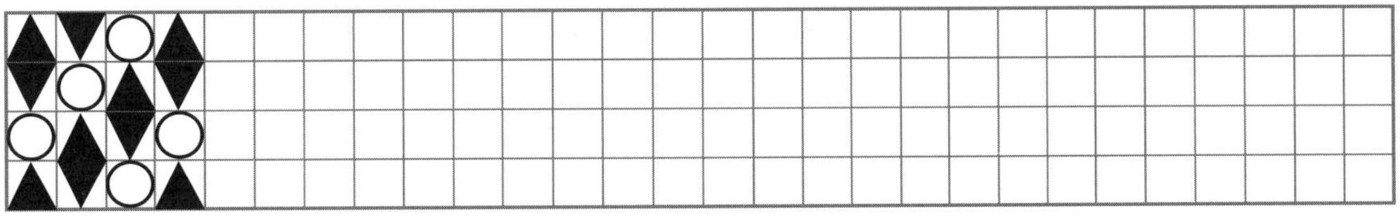

Erfinde dein eigenes Muster.

Lösung:

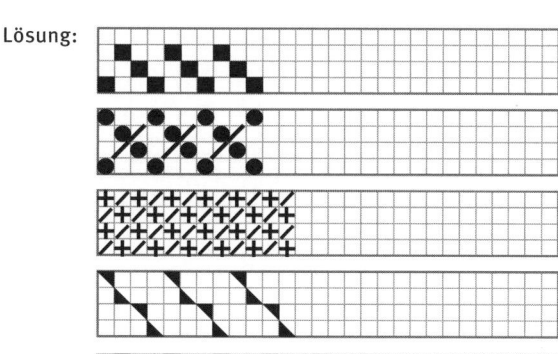

Himbeer-Wettpflücken

**TIPP:
Beginne
mit Silas!**

Silas, Selma, Sarah und Salim gehen Himbeeren pflücken und starten
einen Wettkampf. Nach einer Minute halten sie die Zeit an. Wie viele Himbeeren
haben sie jeweils gepflückt? Die Hinweise helfen dir weiter.
Schreibe die richtige Anzahl auf die Körbchen-Schilder.

**Salim pflückt mehr als 10, aber weniger als Silas. Selma hat 2 mehr als Salim
in ihrem Körbchen. Sarah pflückt 3 weniger als Silas. Silas ist der Zweitbeste
und sammelt 3 · 4 Himbeeren.**

Male viele Himbeeren an den Strauch.

Lösung: Selma = 13 | Silas = 12 | Salim = 11 | Sarah = 9

Aus drei mach eins!

Immer zwei der drei Bilder ergeben ein sinnvolles Hauptwort.
Schreibe es jeweils auf.

1

= _____

2

= _____

3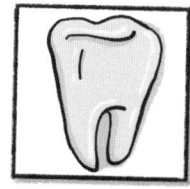

= _____

4

= _____

Lösung: Blumentopf | Handschuh | Hemdknopf | Lampenschirm | Sonnenbrille | Tischbein

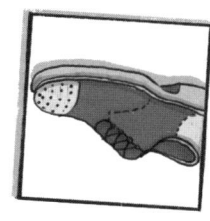
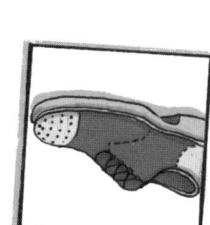

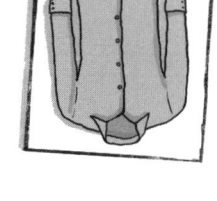

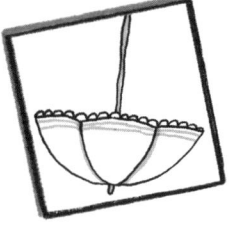

Aus zwei mach eins!

Jetzt musst du immer zwei Bilder miteinander verbinden, um ein sinnvolles Hauptwort zu bilden.

Lösung: 1. Apfelbaum | 2. Regenschirm | 3. Zahnbürste | 4. Brotmesser

Am Meer und im Meer zu Hause

Welche vier Tiere leben nicht am Meer oder im Meer?

Lösung: Frosch, Biber, Schwan und die Landschildkröte fühlen sich am und im Meer gar nicht wohl.

 156

Male dem Kraken acht Arme an.

Hummelflug

Die Hummel Huberta fliegt von Blume zu Blume. Zeichne ihren Flug ein.
Löse dafür die Rechenaufgaben und verbinde dann die Blumen vom kleinsten
bis zum größten Ergebnis.

Lösung:

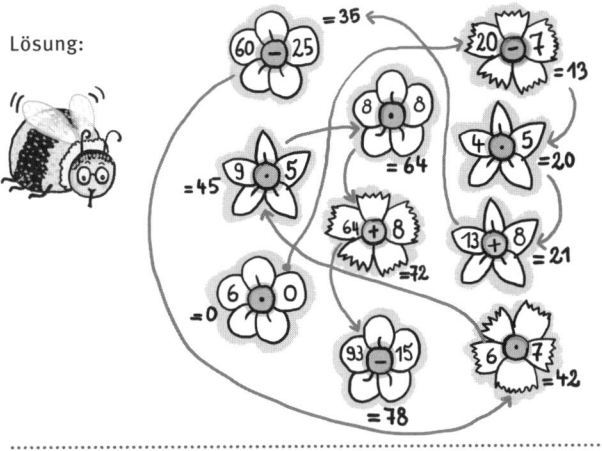

Blumenwiese

Wie viele Blumen siehst du von jeder Sorte?
Zähle sie und male die Blüten dann farbig aus.

Lösung: 7 10 8

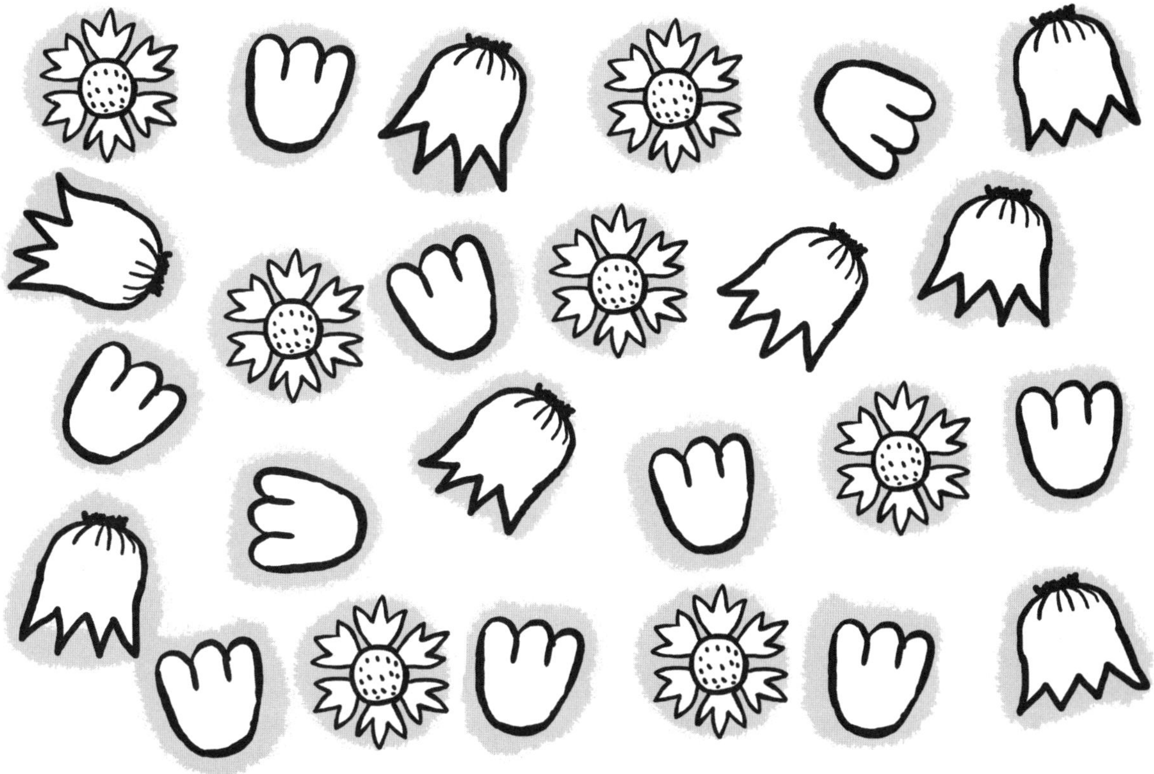

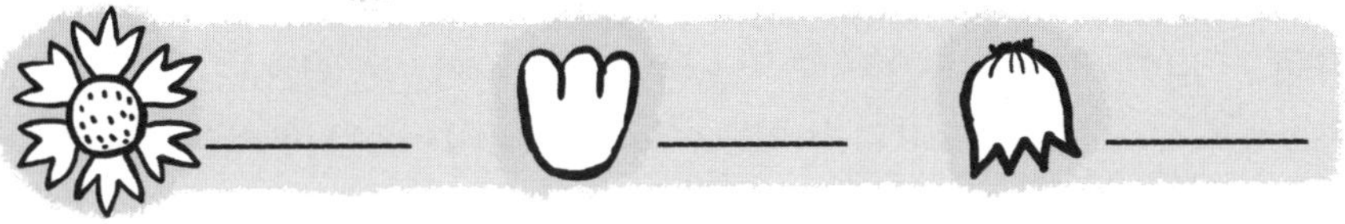

Geburtstagslied

Welches Ständchen wird hier zum Geburtstag gesungen? Setze für
die Zahlen die entsprechenden Buchstaben aus dem Alphabet ein.
Dafür kannst du das Zahlenalphabet ganz vorn im Block benutzen.

22	9	5	12		7	12	29	3	11		21	14	4

22	9	5	12		19	5	7	5	14		1	21	6

1	12	12		4	5	9	14	5	14

23	5	7	5	14	.
					.

Lösung: Viel Glück und viel Segen auf all deinen Wegen.

Male die Geburtstagstorte aus.

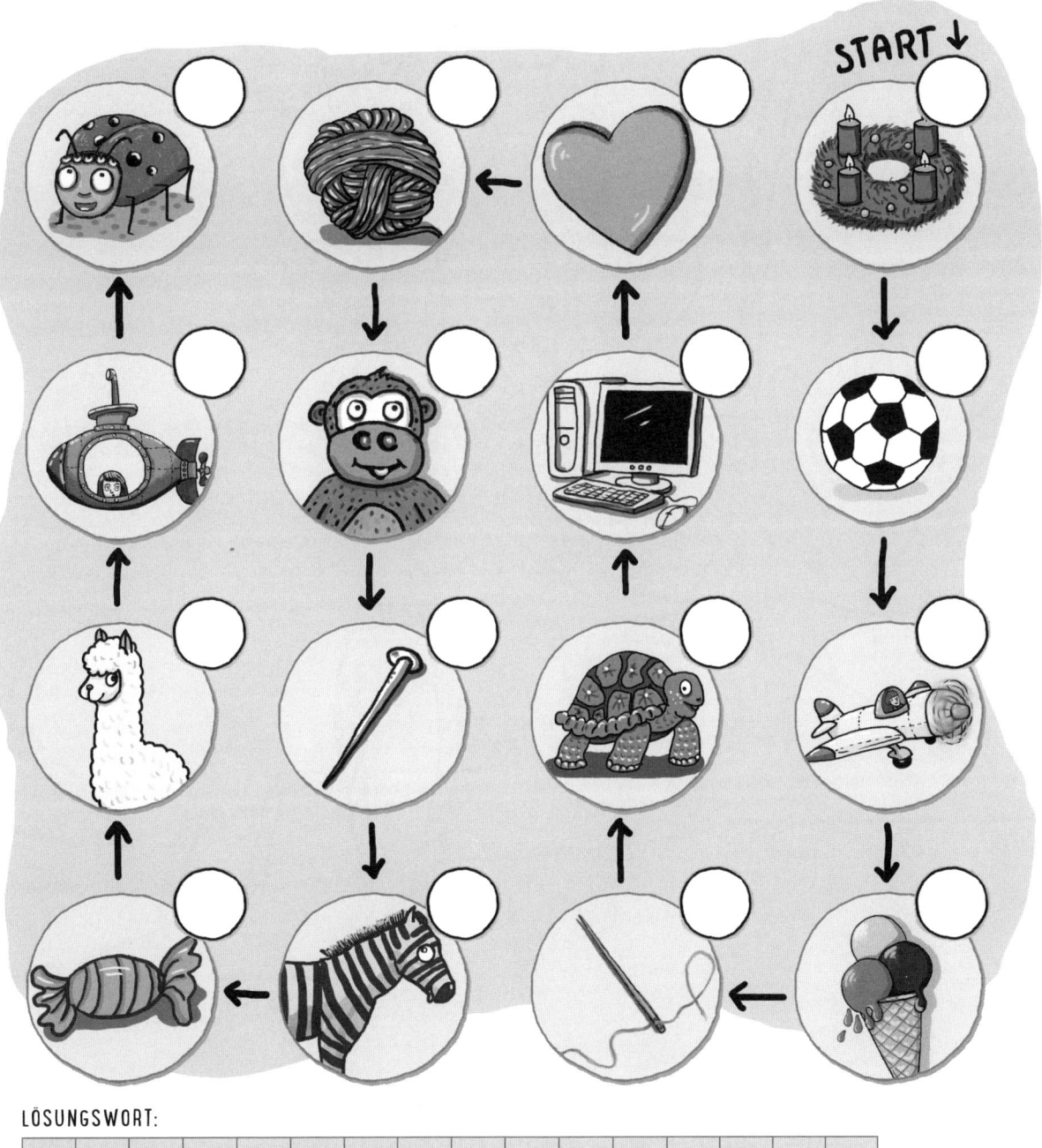

Die Äste sehen aus wie ...

Die Andentanne – ein Baum, der in den Bergen Südamerikas wächst –
hat noch einen anderen, lustigen Namen. Finde ihn heraus, indem du
die Anfangsbuchstaben der Bilder in Pfeilrichtung aufschreibst.

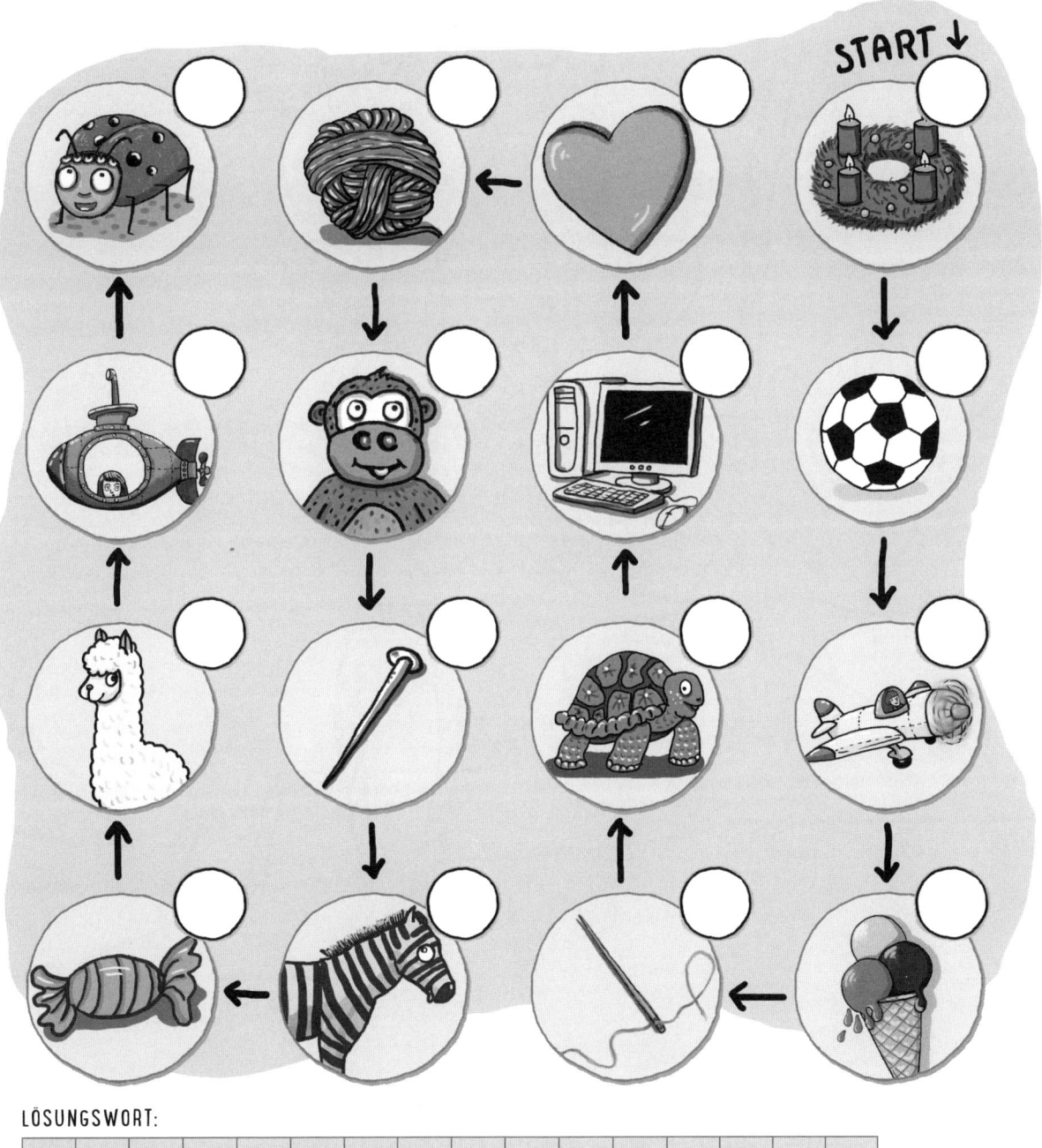

START ↓

LÖSUNGSWORT:

Male einen langen Schwanz an den Affen und das Bild bunt aus.

Lösung: Der Affenschwanzbaum trägt seinen Namen, weil die Äste wie lange Affenschwänze aussehen.

Wortsalat

Kennst du den Unterschied zwischen den Wortarten? Dann schreibe in jede Blase ein **H** für Hauptwort, ein **T** für Tunwort, ein **W** für Wiewort oder ein **B** für Begleiter.

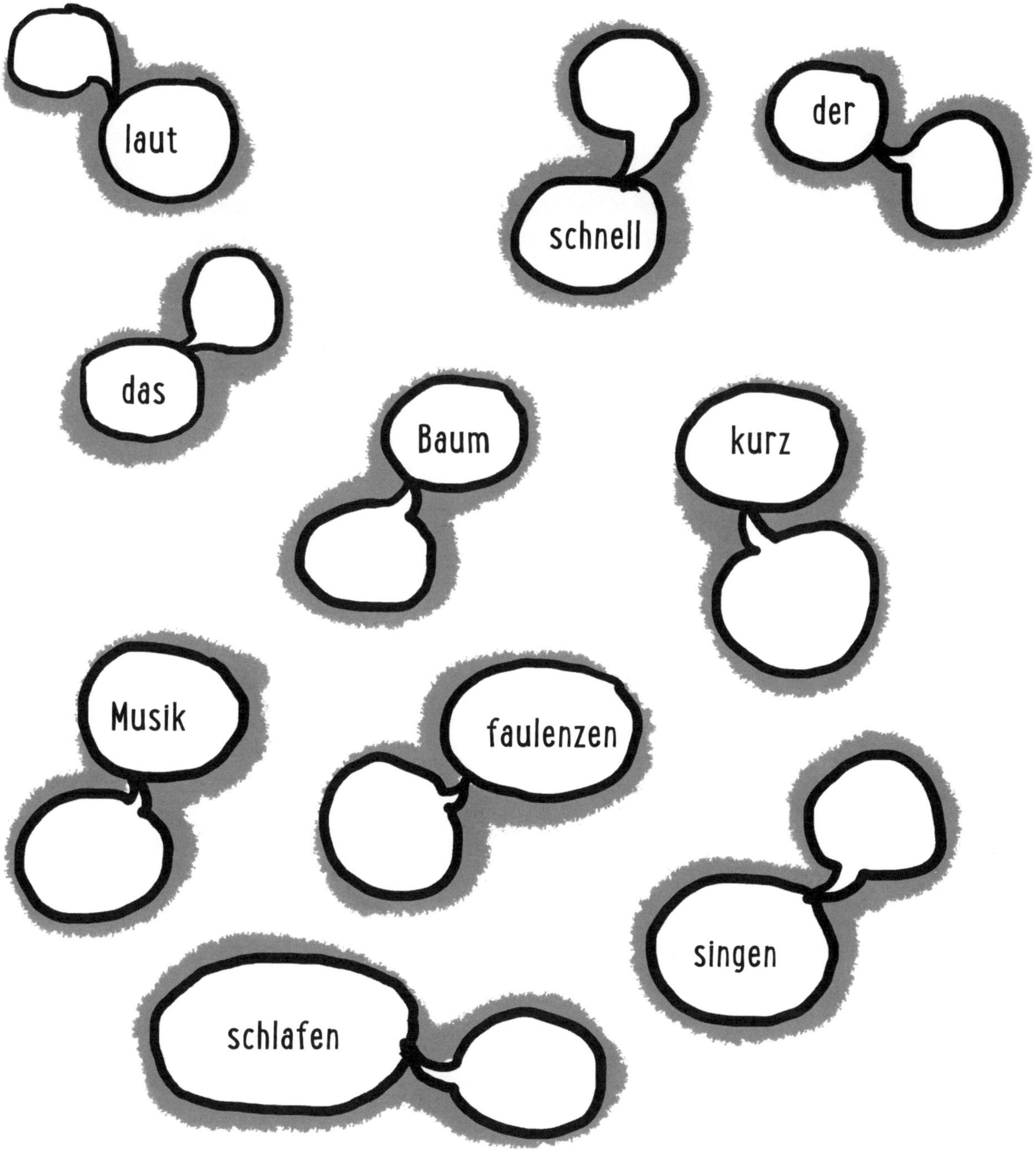

laut

schnell

der

das

Baum

kurz

Musik

faulenzen

singen

schlafen

Lösung: H = Baum, Musik | T = faulenzen, schlafen, singen | W = kurz, laut, schnell | B = das, der

Schreibe mit jedem Wort, das in der Lösung steht, einen ganzen Satz auf.

Zehner und Einer

Zähle Zehner und Einer zusammen. Die Sonnen stellen die Zehner
dar und die Sterne Einer.

1

Z	E

2

Z	E

3

Z	E

4

Z	E

Lösung:

1.		2.		3.		4.	
Z	E	Z	E	Z	E	Z	E
3	5	4	4	7	7	1	8

166

Schule-Kreuzworträtsel

Trage die Antworten in das Kreuzworträtsel
auf der nächsten Seite.

1. Raum, in dem unterrichtet wird

2. Anderes Wort für Note als Beurteilung der Leistung

3. Freie Zeit im Schuljahr

4. Freie Zeit zwischen den Stunden

5. Unterrichtsfach, in dem man rechnet

6. Anderes Wort für weibliche Pädagogin

7. Angestellter der Schule, der sich um Technik, Sicherheit und
   Schulgebäude kümmert

8. Arbeiten, die man meist nach der Schule erledigen muss

9. Gegenstand, auf dem man mit Kreide schreibt

10. Altmodisches Wort für Schultasche

11. Anderes Wort für Schultüte

12. Unterrichtsfach, in dem man sich körperlich betätigt

13. Fach, in dem man mit verschiedenen Materialien malt

14. Erste Fremdsprache

15. Kurzwort für ein Schreibgerät mit Tinte

16. Gegenstand zum Messen von Strecken und Ziehen von geraden Linien

17. Halbjährliche Beurteilung

18. Schulform in den ersten 4 Jahren

19. Schreibgerät, dessen Ergebnisse man wegradieren kann

20. Festraum in der Schule

Schule-Kreuzworträtsel

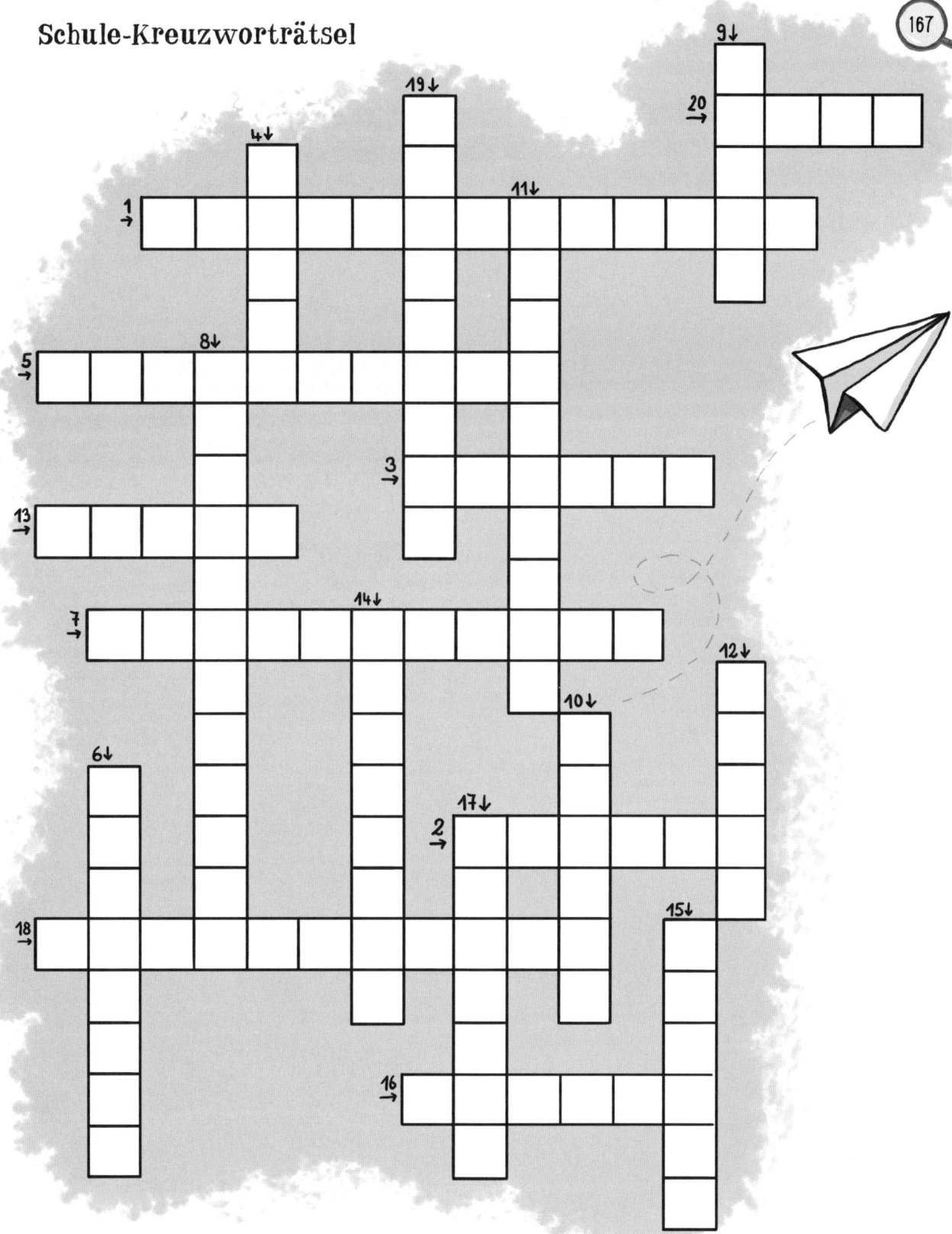

Hex-hex!

Die Hexe Gruselgunde hat eine Hälfte des T-Shirts weggezaubert.
Male die unsichtbare Hälfte wieder dazu!

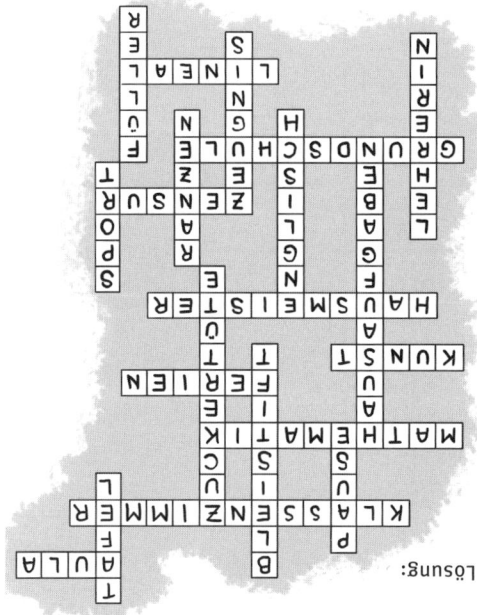

Lösung:

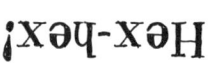

Naturquiz – 2. Teil

1 Warum können Insekten an der Decke laufen?

○ a. Sie speicheln ihre Füße mit Klebstoff ein.

○ b. Sie können zaubern.

○ c. An ihren Beinen sind winzige Saugnäpfe, mit denen sie sich festhalten können.

3 Schlangen häuten sich, weil …

○ a. ihre Haut nicht mitwächst und sie irgendwann zu eng wird.

○ b. ihnen manchmal zu warm wird.

○ c. sie sich nie waschen und die Haut juckt.

5 Giraffen haben einen langen Hals, um …

○ a. bessere Luft zu atmen.

○ b. von Weitem Feinde erkennen zu können.

○ c. Blätter in den Baumkronen zu erreichen.

2 Wie heißt der Wohnort der Bienen?

○ a. Bienenknüppel

○ b. Bienenstock

○ c. Bienenlatte

4 Wozu benutzen Eichhörnchen ihren Schwanz?

○ a. Zum Halten des Gleichgewichts beim Springen.

○ b. Zum Saubermachen.

○ c. Zum Kämpfen.

6 Wann spucken Lamas?

○ a. Wenn sie zu viel essen.

○ b. Wenn sie einen Schluckauf haben.

○ c. Wenn man sie ärgert.

Male Blätter an den Baum für die Giraffe.

Lösung: 1c | 2b | 3a | 4a | 5c | 6c

Fallobst

Der Igel sucht Fallobst zum Futtern. Aber nur das Obst mit einer Zahl aus der 7er-Reihe riecht besonders gut. Kreuze diese an.

44

36

56

63

35

14

19

28

30

7

42

18

49

21

54

70

55

Male dem Igel ganz viele Stacheln an.

Aus groß wird klein und umgekehrt!

Bilde aus folgenden Wörtern die entsprechenden Tun- oder Hauptwörter. Achte dabei auf die Groß- oder Kleinschreibung und den dazugehörigen Begleiter bei den Hauptwörtern.

	Hauptwort		Tunwort
Beispiel:	das Spiel	›	spielen
1		‹	erlauben
2	die Zahl	›	
3		‹	verlieren
4	der Besitz	›	
5		‹	klammern
6	der Lauf	›	
7		‹	schlagen
8	der Sturz	›	
9		‹	telefonieren
10	der Gewinn	›	
11		‹	fahren
12	das Fest	›	

_____

_____

_____

_____

_____

_____

_____

_____

_____

_____

Schreibe mindestens 5 verschiedene Feste auf, die du und deine Familie feiern oder gefeiert haben.

Lösung: 1. die Erlaubnis | 2. zählen | 3. der Verlust | 4. besitzen | 5. die Klammer | 6. laufen | 7. der Schlag | 8. stürzen | 9. das Telefonat | 10. gewinnen | 11. die Fahrt | 12. feiern

Landarbeit

Die Arbeit auf dem Land war früher extrem anstrengend, weil alles mit Muskelkraft getan werden musste. Heute helfen Maschinen, die zum Teil witzige Namen tragen. Entziffere sie, indem du für die Zahlen die entsprechenden Buchstaben aus dem Alphabet aufschreibst.
Das Zahlenalphabet vorn im Block kann dir dabei helfen.

1 20 18 1 11 20 15 18

2 13 27 8 4 18 5 19 3 8 5 18

3 18 21 14 4 2 1 12 12 5 14 16 18 5 19 19 5

4 8 5 21 6 28 18 4 5 18 2 1 14 4

5 13 9 19 20 19 20 18 5 21 5 18

6 8 1 3 11 19 3 8 14 9 20 26 5 12 13 1 19 3 8 9 14 5

Lösung: 1. Traktor | 2. Mähdrescher | 3. Rundballenpresse | 4. Heuförderband | 5. Miststreuer | 6. Hackschnitzelmaschine

176

Male viele Heuballen auf das Feld.

Ernte auf dem Bauernhof

Bauer Wilhelm hat immer viel zu tun, weil es zu jeder Jahreszeit etwas zu ernten gibt. Was das zum Beispiel sein kann, erfährst du, wenn du die Silben in die richtige Reihenfolge bringst.

FRÜHJAHR

a ten lot Scha = _____

b bar Rha ber = _____

c ren bee Erd = _____

SOMMER

a ko pri sen A = _____

b Zu mais cker = _____

c lat Kopf sa = _____

HERBST

a ren Brom bee = _____

b kohl men Blu = _____

c tof feln Kar = _____

WINTER

a lat Feld sa = _____

b Ro kohl sen = _____

c ken na sti Pa = _____

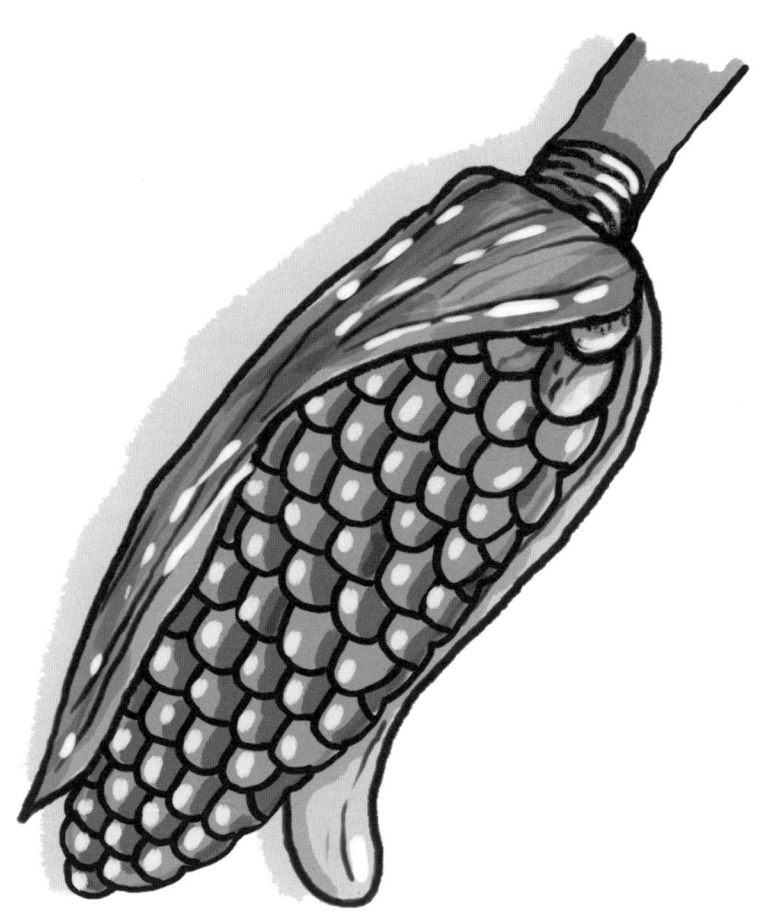

Male einen zweiten Maiskolben.

Lösung: **Frühjahr:** a. Schalotten, b. Rhabarber, c. Erdbeeren | **Sommer:** a. Aprikosen, b. Zuckermais, c. Kopfsalat |
Herbst: a. Brombeeren, b. Blumenkohl, c. Kartoffeln | **Winter:** a. Feldsalat, b. Rosenkohl, c. Pastinaken

Familie Feldmaus

Familie Feldmaus bereitet ein Festessen vor und hat sich viele Leckereien besorgt. Jedes der vier Familienmitglieder soll gleich viel vom Festschmaus abbekommen. Wie viele Stücke bekommt jede Feldmaus von jeder Sorte? Und wie viele Stücke hat jede Feldmaus am Ende insgesamt gefuttert? Rechne aus.

 $20 : 4 =$

 $36 : 4 =$

 $28 : 4 =$

 $4 : 4 =$

 $40 : 4 =$

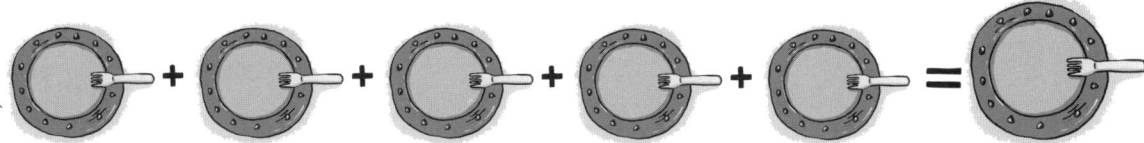

Lösung: 40

Wie viele Erdbeeren kannst du hier zählen?

Erdbeerbeet

Lösung: 5 + 9 + 7 + 1 + 10 = Jede Feldmaus hat am Ende 32 Leckereien verputzt.

Zwilling gesucht

Nur ein Gegenstand in jeder Reihe sieht genauso aus wie der erste.
Kreise ihn ein!

A

1 2 3 4 5

B

1 2 3 4 5

C

1 2 3 4 5

D

1 2 3 4 5

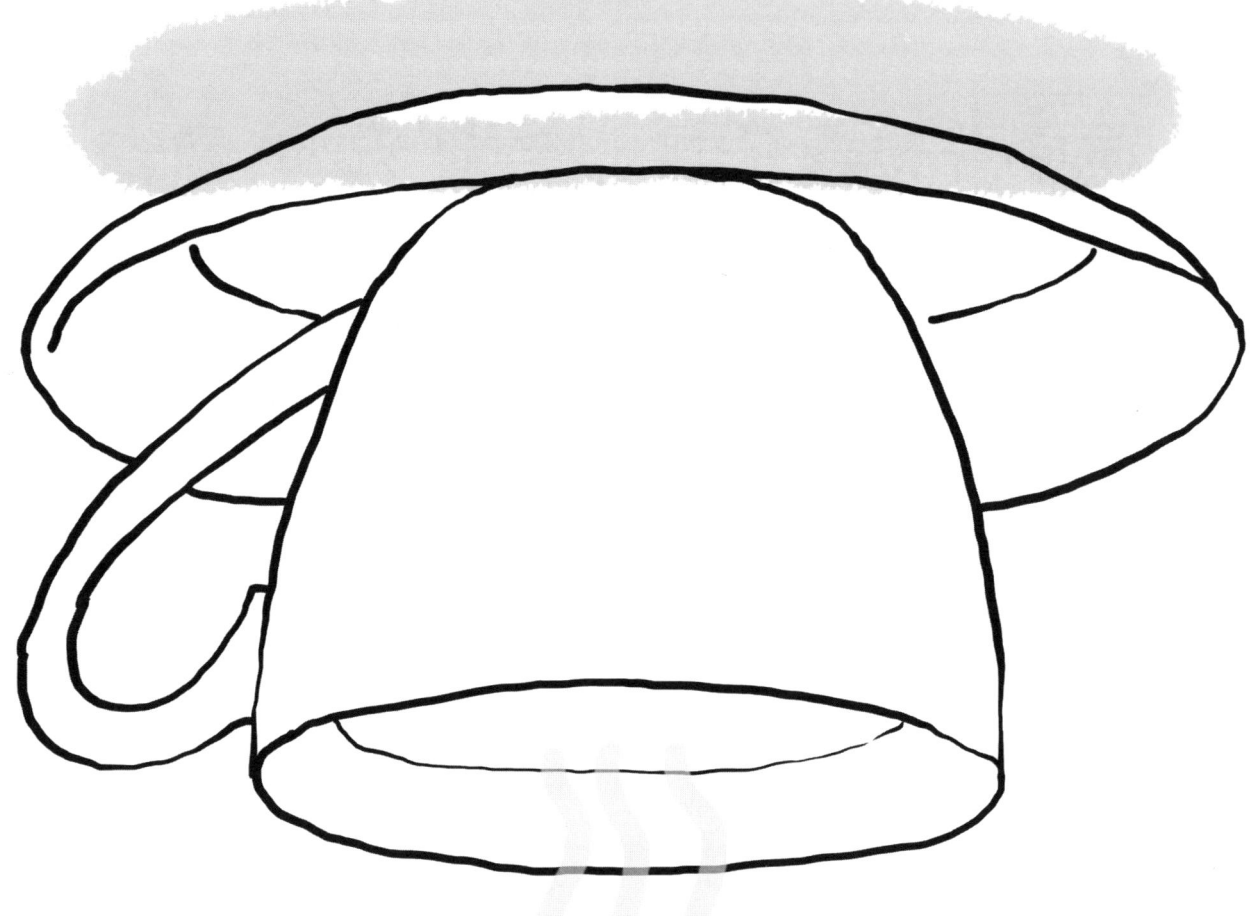

Wie sieht deine Teetasse aus?

Lösung: A = 4 | B = 5 | C = 2 | D = 1

Das gibt's doch nicht, ...

was manche Menschen in den See werfen! Welches Kind angelt welchen
Gegenstand aus dem See?

Male Tiere und Pflanzen, die in einem See leben.

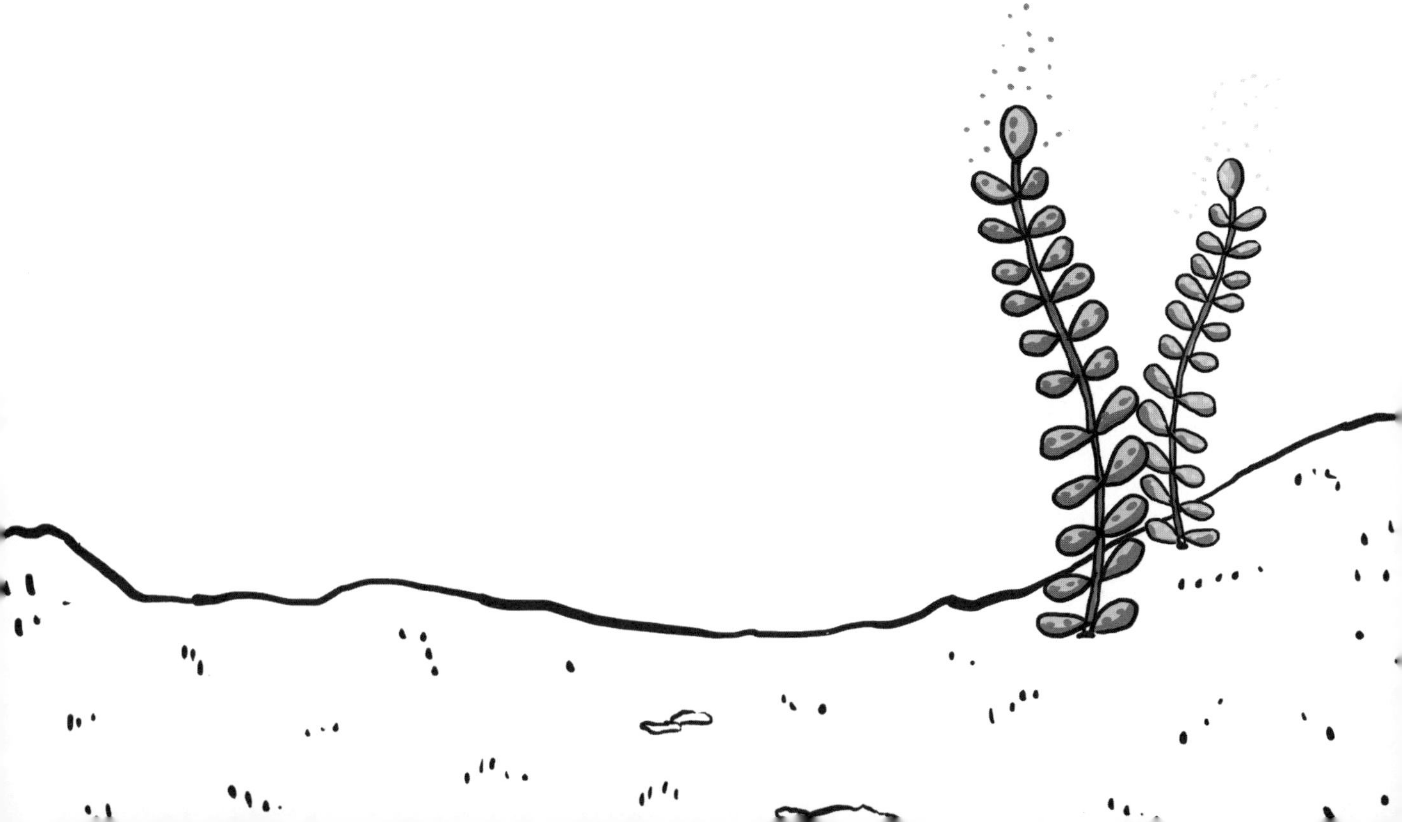

Lösung: A – Flasche | B – Plastiktüte | C – Schuh | D – Rad

Was gehört zusammen?

Verbinde immer ein Hauptwort und ein Tunwort mit einem Strich, sodass sich ein sinnvolles Paar ergibt.

Brief

werfen

ernten

Ball

Blumen

pflücken

Burg

fahren

Geschichte

Kuchen

besichtigen

Nachricht

erzählen

schreiben

Zug

backen

Wasser

Getreide

trinken

lesen

Male hohe Berge.

Silbenrätsel

Hund Benno hat Noras Schulheft zerrissen. Hilf Nora und setze alle Wörter wieder zusammen. Der erste Buchstabe der ersten Silbe ist jeweils großgeschrieben. **Achtung!** Eine Silbe bleibt in jeder Zeile übrig. Streiche sie durch!

Beispiel: topf – re – men – Blu > Blumentopf

1 schwein dings chen Meer

_ _ _ _ _ _ _ _ _

2 ko Kro der dil

_ _ _ _ _ _

3 re ran Schul zen

_ _ _ _ _ _ _ _

4 Tusch ten sur kas

_ _ _ _ _ _ _ _

5 zäh Milch ne tur

_ _ _ _ _ _ _

6 fahrt po to Au

_ _ _ _ _ _

7 fer Gar bank ten

_ _ _ _ _ _ _ _

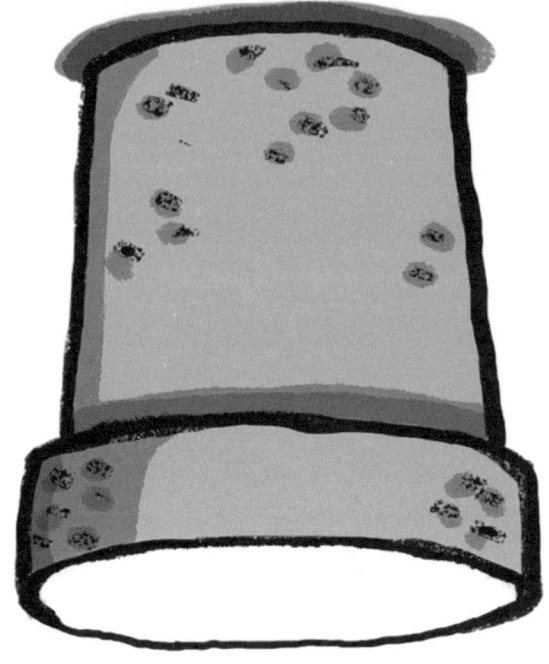

Lösung: 1. Meerschweinchen | 2. Krokodil | 3. Schulranzen | 4. Tuschkasten | 5. Milchzähne | 6. Autofahrt | 7. Gartenbank

Blütenrechnen

Ergänze die fehlenden Zahlen, indem du innerhalb der Blütenblätter
die Zahlen – wie in den Beispielen – zusammenzählst oder abziehst.
Das Ergebnis ist immer die Zahl in der Mitte.

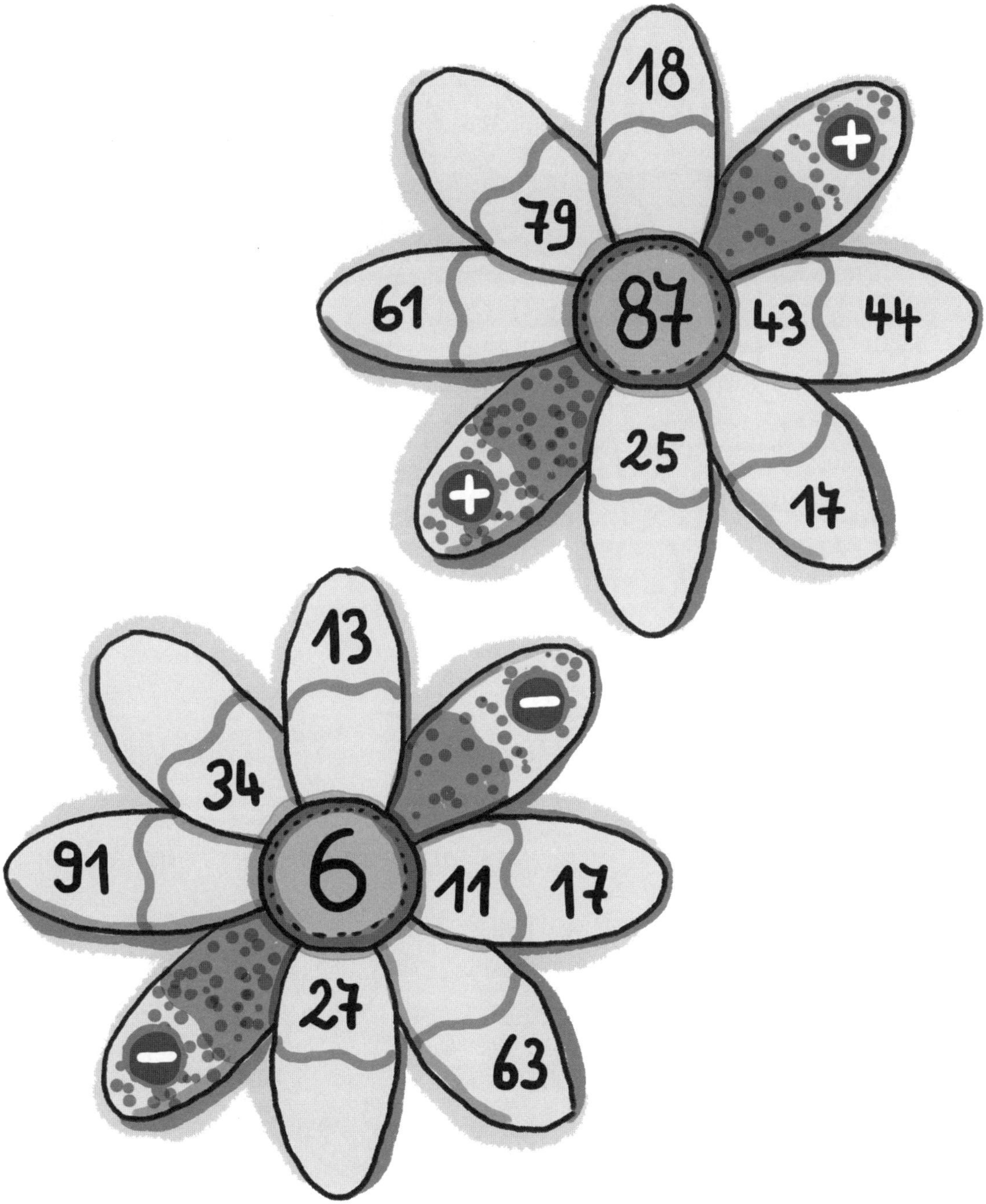

18
79
+
61   **87**   43   44
+
25
17

13
34
–
91   **6**   11   17
–
27
63

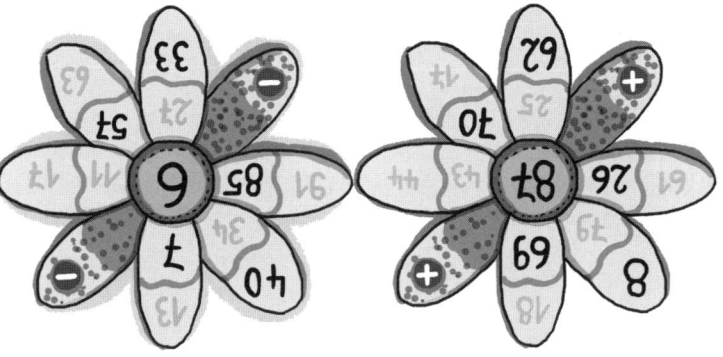

Lösung:

Male das Blüten-Mandala bunt aus.

Heimatkunde

Wenn du dich in Deutschland gut auskennst,
kannst du das Quiz lösen?

1 Wie heißt Deutschlands
Hauptstadt?

○ a. Leipzig

○ b. Köln

○ c. Bonn

○ d. Berlin

2 Welcher Fluss fließt an
Hamburg vorbei in die Nordsee?

○ a. Rhein

○ b. Main

○ c. Elbe

○ d. Neckar

3 In welcher Stadt wird das
traditionelle „Oktoberfest" gefeiert?

○ a. München

○ b. Bremen

○ c. Rostock

○ d. Stuttgart

4 In welchem Bundesland
liegt Rostock?

○ a. Brandenburg

○ b. Rheinland-Pfalz

○ c. Saarland

○ d. Mecklenburg-Vorpommern

5 Welche Insel gehört
nicht zu Deutschland?

○ a. Norderney

○ b. Mallorca

○ c. Rügen

○ d. Usedom

6 Wie heißt der Grenzfluss
zwischen Deutschland und Polen?

○ a. Wenn

○ b. Aber

○ c. Oder

○ d. Doch

DEUTSCHLAND

Male auf diesen See viele verschiedene Boote!

Lösung: 1d | 2c | 3a | 4d | 5b | 6c

Hier stimmt was nicht!

In jeder Reihe ist ein Begriff falsch.

1 TASSE, TELLER, GLAS, TISCH, SCHÜSSEL

2 AFFE, LÖWE, TIGER, LEOPARD, PUMA

3 ERDBEERE, BIRNE, APFEL, GURKE, MANGO

4 BLEISTIFT, FILZSTIFT, COMPUTER, FÜLLER, BUNTSTIFT

5 BIKINI, SCHNEEANZUG, BADEHOSE, HANDTUCH, SONNENCREME

6 ROT, RUND, GELB, BLAU, GRÜN

7 SESSEL, SONNE, ZEBRA, SÜDSEE, SEIFE

Lösung: 1. Kein Geschirr: Tisch | 2. Keine Raubkatze: Affe | 3. Kein Obst: Gurke | 4. Kein Stift: Computer | 5. Keine Sommerkleidung: Schneeanzug | 6. Keine Farbe: rund | 7. Kein Anfangsbuchstabe S: Zebra

Schreibe 10 Wörter mit dem Anfangsbuchstaben S auf:

1 _____

2 _____

3 _____

4 _____

5 _____

6 _____

7 _____

8 _____

9 _____

10 _____

Das längste Wort

Schreibe zu jedem Tier den Namen auf, zähle dann die Buchstaben und schreibe sie in die Klammern. Verbinde dann die Bilder von der größten Anzahl der Buchstaben bis zur kleinsten.

Male zum Ameisenbär viele kleine Ameisen,
die vor ihm weglaufen!

Richtig oder falsch?

Kreuze an!

	Richtig	Falsch
1 Schildkröten legen Eier.	◯	◯
2 Deutschland ist 2014 Fußballweltmeister geworden.	◯	◯
3 In Afrika scheint die Sonne am Tag und in der Nacht.	◯	◯
4 Der Gepard ist das schnellste Tier an Land.	◯	◯
5 Italien sieht auf der Landkarte wie ein Stiefel aus.	◯	◯
6 Hamburg liegt am Meer.	◯	◯
7 Ein Kilogramm Federn ist leichter als ein Kilogramm Stahl.	◯	◯
8 Feuerquallen brennen bei Berührung auf der Haut.	◯	◯
9 Eintagsfliegen haben ein langes Leben.	◯	◯
10 Spinnen haben mindestens 10 Beine.	◯	◯

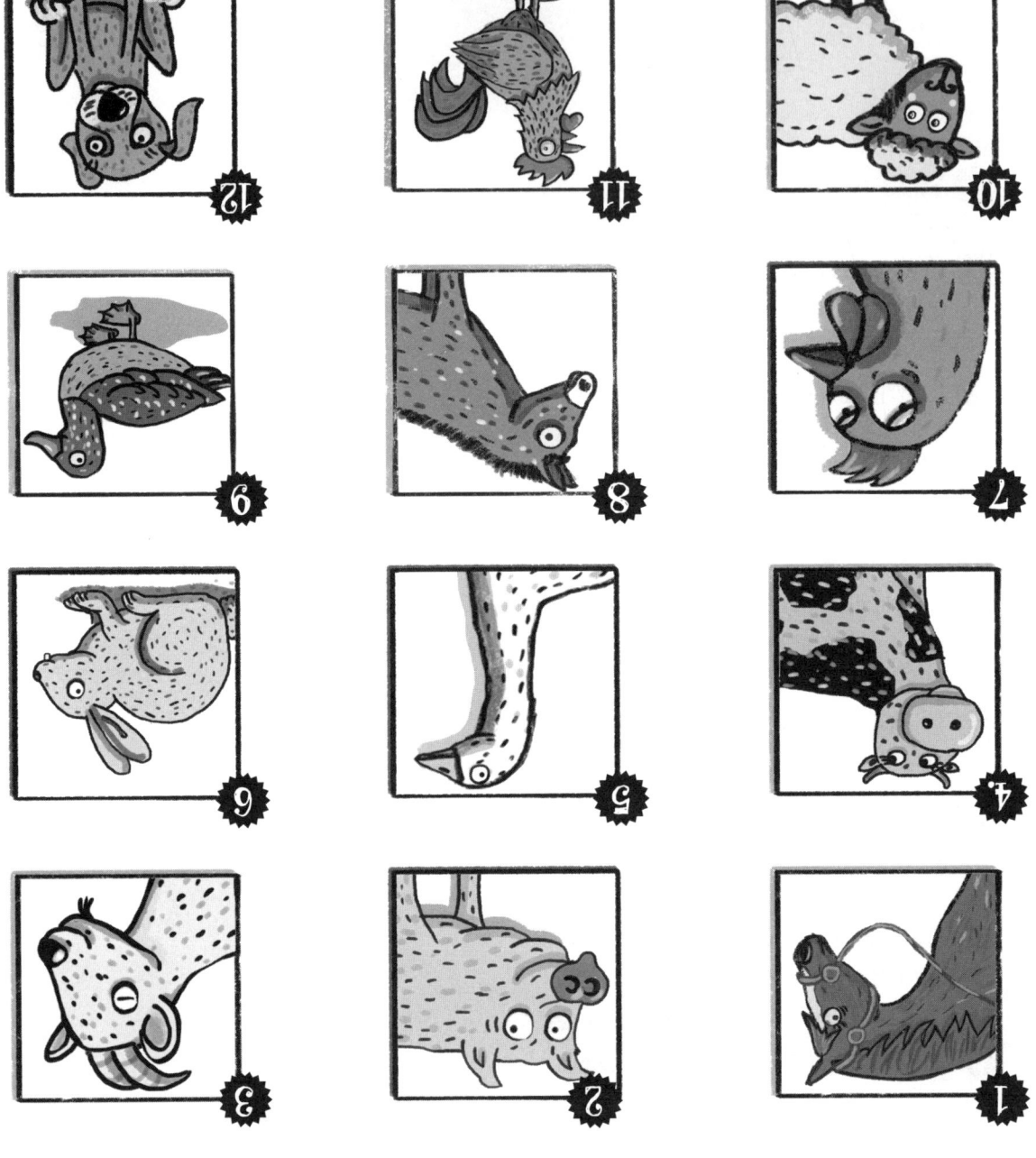

Bauernhof-Kreuzworträtsel

Schreibe die Namen der Tiere in die entsprechenden Felder auf der nächsten Seite.

Lösung: 1. R | 2. R | 3. F | 4. R | 5. R | 6. F | 7. F | 8. R | 9. F | 10. F

Bauernhof-Kreuzworträtsel

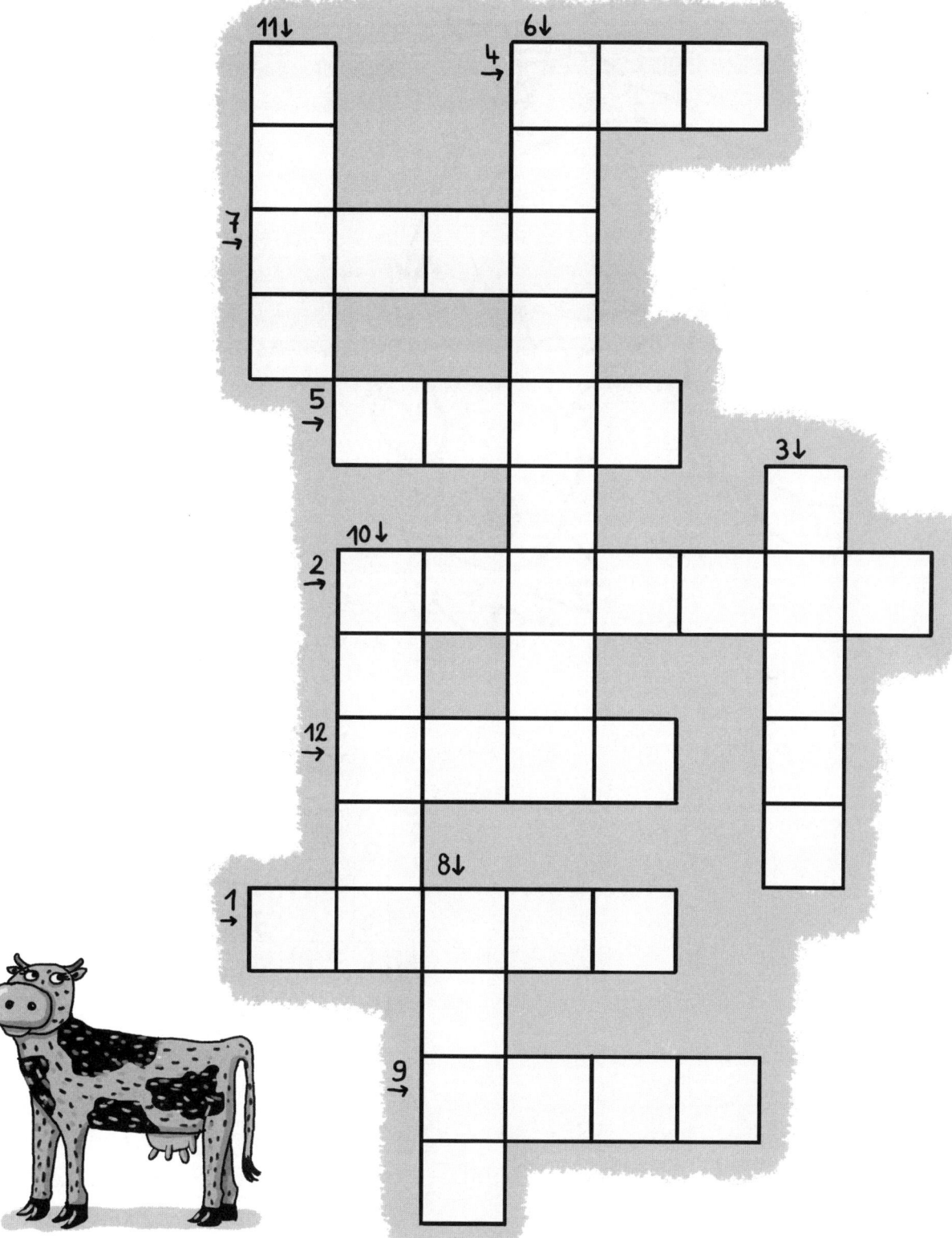

Male den Hahn bunt aus.

Lösung:

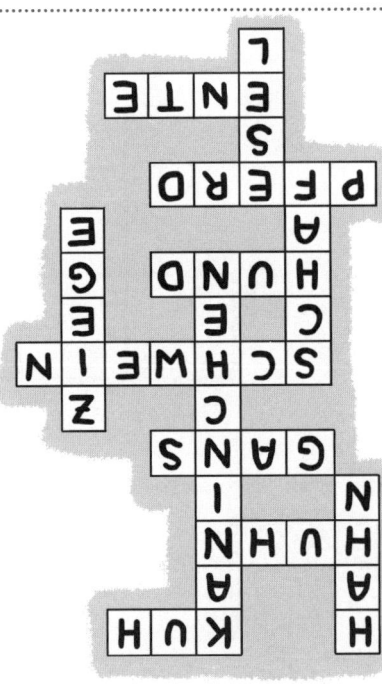

Familie Hausmaus

Das Ehepaar Hausmaus und ihre beiden Kinder suchen ein neues Zuhause.
Weil sie jedoch abergläubisch sind, ziehen sie nur dort ein, wo die Hausnummer
durch 4 teilbar ist. Welche Häuser sind das? Kreuze an.

Male ein Haus, wie es dir gefällt.

Blumen-Buchstabengitter

Finde folgende Blumen im Buchstabengitter wieder:

ANEMONE • ASTER • DAHLIE • GERBERA • HYAZINTHE • KLATSCHMOHN • KROKUS • MAIGLÖCKCHEN • MARGERITE • NELKE • PRIMEL • RITTERSPORN • ROSE • SONNENBLUME • TULPE • VEILCHEN

M	N	B	V	C	G	E	R	B	E	R	A	X	S	A
D	A	H	L	I	E	Y	S	P	R	I	M	E	L	Ä
F	D	S	A	Q	W	T	O	H	J	T	K	L	Ö	M
M	R	T	Z	U	I	O	N	P	Ü	T	Y	X	C	A
A	S	T	E	R	C	H	N	I	Z	E	T	B	N	R
I	M	U	A	K	T	U	E	Ö	X	R	O	S	E	G
G	H	L	S	R	G	J	N	F	G	S	Q	W	B	E
L	T	P	D	O	F	M	B	B	N	P	Ü	H	T	R
Ö	Z	E	G	K	D	N	L	L	Ä	O	S	Y	A	I
C	D	M	H	U	V	B	U	D	S	R	V	D	N	T
K	L	A	T	S	C	H	M	O	H	N	P	C	E	E
C	V	B	N	T	Z	S	E	M	N	B	V	C	M	X
H	Y	A	Z	I	N	T	H	E	S	C	H	W	O	Z
E	R	I	E	S	E	B	N	A	S	E	N	M	N	M
N	E	L	K	E	G	D	V	E	I	L	C	H	E	N

Lösung:

M	N	B	V	C	G	E	R	B	E	R	A	X	S	A
D	A	H	L	I	E	Y	S	P	R	I	M	E	L	A
F	D	S	A	Q	W	T	O	H	J	T	K	L	O	M
M	R	T	Z	U	I	O	N	P	Ü	T	Y	X	C	A
A	S	T	E	R	C	H	N	I	Z	E	T	B	N	R
I	M	U	A	K	T	U	E	O	X	R	O	S	E	G
G	H	L	S	R	G	J	N	F	G	S	Q	W	B	E
L	T	P	O	F	M	B	B	N	P	Ü	H	T	R	R
Ö	Z	E	G	K	D	N	L	L	Ä	O	S	Y	A	I
C	D	M	H	U	V	B	U	D	S	R	V	D	N	T
K	L	A	T	S	C	H	M	O	H	N	P	C	E	E
C	V	B	N	T	Z	S	E	M	N	G	V	C	M	X
H	Y	A	Z	I	N	T	H	E	S	C	H	W	O	Z
E	R	I	E	S	E	B	N	A	S	E	N	M	N	M
N	E	L	K	E	G	D	V	E	I	L	C	H	E	N

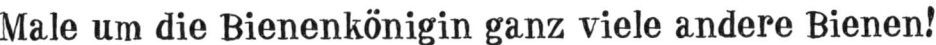

Male um die Bienenkönigin ganz viele andere Bienen!

Der wichtige Brief

Bauer Theo Tausendschön wartet auf einen ganz wichtigen Brief. Der Postbote Paul Pausenfein findet aber nicht den Weg zum Bauernhof. Hilf dem Postboten, den richtigen Weg zu finden.

Lösung: HAUSAUFGABEN

Buchstabenteufel

Hier hat der Buchstabenteufel zugeschlagen und ein Wort durcheinandergebracht. Was machen viele Schulkinder nicht so gern? Beginne beim H!

LÖSUNGSWORT:

Lösung:

Vogelhäuschen gesucht

Fünf Vögel suchen ein neues Zuhause, um ihre Eier auszubrüten.
Rechne die Aufgaben und du erfährst, welcher Vogel in welches Häuschen
einzieht. Verbinde das jeweilige Paar mit einem Strich.

Male das Vogelhäuschen ganz bunt an!

Lösung: $9 \cdot 7 = 63$ | $78 - 23 = 55$ | $100 - 52 = 48$ | $30 : 6 = 5$ | $56 + 42 = 98$